大客户营销

陈明宇　曹大嘴　傅一声◎著

电子工业出版社
Publishing House of Electronics Industry
北京·BEIJING

内 容 简 介

本书通过定位（锁定大客户）、拓客（开发大客户）、邀约（提升见面的成功率）、破冰（获取客户信任）、痛点（挖掘客户需求）、卖点（塑造产品价值）、价格（报价、定价和让价策略）、谈判（消除客户抗拒）、成交（大客户成交策略）和维护（超值服务带来转介绍）这十个方面的阐述，打造了一整套系统性的从客户定位到成交的大客户营销策略。

未经许可，不得以任何方式复制或抄袭本书之部分或全部内容。
版权所有，侵权必究。

图书在版编目（CIP）数据

大客户营销/陈明宇，曹大嘴，傅一声著. —北京：电子工业出版社，2021.1
ISBN 978-7-121-39789-9

Ⅰ. ①大… Ⅱ. ①陈… ②曹… ③傅… Ⅲ. ①企业管理—营销管理—通俗读物 Ⅳ. ①F274-49

中国版本图书馆CIP数据核字（2020）第198123号

责任编辑：郭景瑶
印　　刷：三河市鑫金马印装有限公司
装　　订：三河市鑫金马印装有限公司
出版发行：电子工业出版社
　　　　　北京市海淀区万寿路173信箱　邮编：100036
开　　本：720×1000　1/16　印张：16.25　字数：273千字
版　　次：2021年1月第1版
印　　次：2022年4月第2次印刷
定　　价：49.00元

凡所购买电子工业出版社图书有缺损问题，请向购买书店调换。若书店售缺，请与本社发行部联系，联系及邮购电话：(010) 88254888，88258888。
质量投诉请发邮件至 zlts@phei.com.cn，盗版侵权举报请发邮件至 dbqq@phei.com.cn。
本书咨询联系方式：(010) 88254210，influence@phei.com.cn，微信号：yingxianglibook。

序言一

"大客户营销"是营销中非常重要的一个学科,也是企业和业务人员必须关注的重点。本书便是专门阐述"大客户营销"思维、方法、实战技巧的图书。

首先,这是一本填补市场空白的书。

营销类的书籍浩如烟海,大多把"大客户营销"作为其中一个章节进行阐述,像本书这样专门研究大客户的书籍寥寥无几,但在实际工作中,大客户却是营销人员提升业绩的关键所在,值得专门深入研究。本书从定位、拓客、邀约、破冰、痛点、卖点、价格、谈判、成交和维护等方面,系统和全面地介绍了大客户营销的策略,具有极强的针对性和实用性,观点新颖,案例丰富。

其次,这是一本内容实用、接地气的书。

三位作者中,陈明宇老师是民办高校的创办人、实干家、教育家,有着丰富的教育和运营经验。曹大嘴(曹恒山)、傅一声(傅建忠)两位老师是在企业咨询和培训行业深耕多年的专家、"鱼塘式营销"理论的缔造者和践行者,积累了大量行之有效的经验和生动有趣的真实案例,令人耳目一新。所有的营销都是讲究方法的,本书介绍的整套方法和技巧经过时间和实践的检验,最终积淀下来,既容易上手又立竿见影,非常适合企业管理者、销售经理、业务精英和高校学生借鉴学习。

再次，这是一本紧随时代变化的书。

近年来新媒体技术发展突飞猛进，由此带来的社会变革日新月异。本书紧跟变化，融入很多新媒体营销元素，不断更新和与时俱进。本书致力于推陈出新，将不过时的内容呈现给读者。勇立潮头，抢占市场先机，才能赢得营销主动权，这也正是本书的撰写目的。

教育部精品教材《市场营销学》主编、教授、博士生导师

李晏墅

序言二

本书对大客户（Key Account 或 Key Client）的定义是对产品（或服务）采购量大、消费频率高、利润率高，且对企业经营产生一定影响的重点客户。除此之外的客户群则可划入中小客户范畴。大客户占企业客户总数的20%，却给企业贡献了80%的利润，企业必须有效抓住这关键的"少数"，才能在市场竞争中占据有利局面。

在《大客户营销》这本书中，我们从实战的角度出发，通过典型案例系统地介绍了有效甄别大客户、开发大客户、拜访大客户、对大客户进行需求挖掘、促进与大客户成交等有效技巧，既有理论依据，又有实操步骤，还有大量实战案例进行论证，可谓"有效又有料"。本书可用作企业销售部门的常规培训教材，亦可用作国内高校市场营销、工商管理、电子商务、酒店管理等专业的教材。（本书配套资料索取请关注微信公众号"傅一声"，回复关键词"大客户营销"）

南通理工学院是一所应用型本科高校，学校立足于服务地方经济，培养理论与实践双优的应用型人才，而培养应用型人才需要应用型的师资和教材。南通理工学院特别注重从企业引进具有"双师"素质的管理人员和工程技术人员来校任教，通过分析来自企业一线的鲜活案例和工程问题，培养学生的素质和技能。本书正是我校有着丰富营销实战和企业培训经验的教师共同撰写的应用型培训教材。

当然，作为社会科学类的成果著作，本书的理论性和系统性还存在一些不足之处，这也是我们下一步需要研究和改进的方向，更希望引起读者朋友们的共同探讨。

南通理工学院　陈明宇、曹大嘴、傅一声

前言

近年来,尤其是全球新冠肺炎疫情暴发以来,市场营销环境发生了巨大的变化,很多企业国外订单大幅度缩水,国内市场也"内卷"(网络流行语,指同行间竞相付出更多努力以争夺有限资源,从而导致个体"收益努力比"下降)严重。很多业务人员收入严重缩水,企业也因为收益减少,削减在市场营销上的投入。在这一大环境下,企业和个人都在考虑同一问题:如何提升业绩和收益?

"大客户营销"是广大资深销售人员必备的技能之一,其核心理论依据为意大利统计学家、经济学家维弗雷多·帕累托提出的"20/80法则","大客户营销"研究的目的就是找到那20%的关键客户,并对其加大投入而产生更多效益,以同样的时间、成本投入达到倍增收益的效果,这样的理论方法正是当下企业和销售人员亟须学习和掌握的。

本书凝聚了三位作者的营销实战精华,内容更加贴近实际工作,通过定位(锁定大客户)、拓客(开发大客户)、邀约(提升见面的成功率)、破冰(获取客户信任)、痛点(挖掘客户需求)、卖点(塑造产品价值)、价格(报价、定价和让价策略)、谈判(消除客户抗拒)、成交(大客户成交策略)和维护(超值服务带来转介绍)这十个方面的阐述,打造了一整套系统性的从客户定位到成交的大客户营销策略。书中的案例是作者历经十多年,在为一千多家企业培训和辅导销售团队的过程中积累的真实案例，有效且实用，适合企业销售团队学习，同时也适合高校市场营销等专业学生学习。

作为企业学习和培训教材，本书适合销售团队全员阅读学习，根据每章结尾布置的作业进行实践，并撰写学习笔记，在企业内部分享。同时企业可以根据书内提到的步骤化技巧，让销售人员进行角色扮演，以加深对技巧的认知，熟练掌握方法和技能。只有反复地练习，才能把方法转变为习惯，从而真正作用于绩效提升。

另外，书中提到的很多工具表格，比如客户画像、大客户分级表、客户百问百答表等，建议由企业或销售负责人根据实际情况编写、调整，然后统一安排到销售团队的日常工作中。如果单靠销售人员自己落实，他们很难坚持下去。

作为高校教材，建议授课教师自行到电子工业出版社官方网站下载教材资料包，其中有配套的授课计划、**PPT**课件模板、案例、测试题目等，或者关注微信公众号"傅一声"，回复关键词"大客户营销"，即可领取相应资料。

目录

01 第一章
定位：锁定大客户

一、战略定位 / 004

二、大客户定位 / 014

三、给客户分类和分级 / 016

【本章作业】/ 023

【微营销小技巧1】一步加微信 / 023

02 第二章
拓客：开发大客户的10种方法

一、鱼塘式营销 / 028

二、买客户思维 / 032

三、网络搜索 / 034

四、异业交换 / 035

五、用微信倍增大客户 / 036

六、参加行业活动 / 043

七、利用离职销售员的客户资源 / 046

八、参加高级人才培训班 / 047

九、老客户推荐 / 048

十、新媒体营销 / 049

【本章作业】/ 053

【微营销小技巧2】"你扫我，还是我扫你" / 053

第三章
邀约：提升见面的成功率

一、电话邀约 / 058

二、微信邀约 / 070

三、现场邀约 / 077

【本章作业】/ 078

【微营销小技巧3】推荐微信名片背后的学问 / 078

第四章
破冰：获取客户信任

一、寒暄破冰 / 085

二、夸赞技巧 / 091

目录

三、幽默技巧 / 096

四、共情法 / 099

【本章作业】/ 100

【微营销小技巧4】微信分身 / 101

05 第五章
痛点：挖掘客户需求

一、提问技巧 / 106

二、聆听技巧 / 118

【本章作业】/ 123

【微营销小技巧5】微信绑定QQ号，引流有妙用 / 124

06 第六章
卖点：塑造产品价值

一、充分准备 / 130

二、产品说明会 / 136

三、产品说明的技巧 / 144

【本章作业】/ 151

【微营销小技巧6】微信昵称"六个坑" / 151

第七章
价格：报价、定价和让价策略

一、踩着底线做销售 / 156

二、报价技巧 / 161

三、定价策略 / 165

四、让价策略 / 171

【本章作业】/ 176

【微营销小技巧7】如何取一个好的微信名 / 176

第八章
谈判：消除客户抗拒

一、客户为什么说"不" / 182

二、重新定义抗拒 / 185

三、扁担法则 / 188

【本章作业】/ 190

【微营销小技巧8】如何激活朋友圈？教你设置"吐槽点" / 191

第九章
成交：十大成交策略

一、逼单技巧 / 202

二、轮杀技巧 / 205

三、假设成交法 / 209

四、分解式缔结法 / 210

五、赠品成交法 / 211

六、从众心理 / 212

七、涨价策略 / 214

八、短缺策略 / 215

九、对比成交法 / 216

十、"起死回生"法 / 217

【本章作业】/ 219

【微营销小技巧9】如何发广告而不易被好友"拉黑" / 219

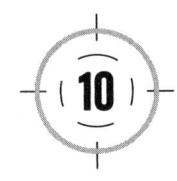

第十章
维护：超值服务带来转介绍

一、为什么要请老客户转介绍 / 224

二、转介绍成功的前提 / 227

三、转介绍的时机 / 228

四、转介绍的步骤 / 232

五、如何化解常见的转介绍抗拒 / 235

六、邀约转介绍客户的话术 / 238

七、转介绍的注意事项 / 239

【本章作业】/ 240

【微营销小技巧10】发朋友圈时，巧用定位 / 240

结语 / 244

参考文献 / 245

推荐阅读 / 246

第一章
定位：锁定大客户

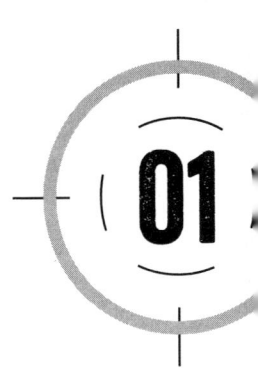

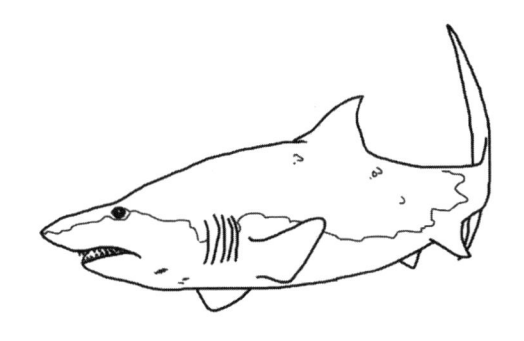

第一章　定位：锁定大客户

学习目标：

1. 理解大客户营销的意义；
2. 理解大客户定位的原则；
3. 掌握战略定位的原理与流程；
4. 掌握客户分类和分级。

本章导读：

只要对我们的产品有需求的人就是我们的客户，那就等于没有客户！

"二八定律"如何执行？如何做区分和取舍？

鲸鱼、鲨鱼、草鱼、小虾……哪个才是你的目标？

本章将让你明白"自己是谁""客户是谁""大客户又是谁"，帮助你全面定位，牢牢锁定大客户。

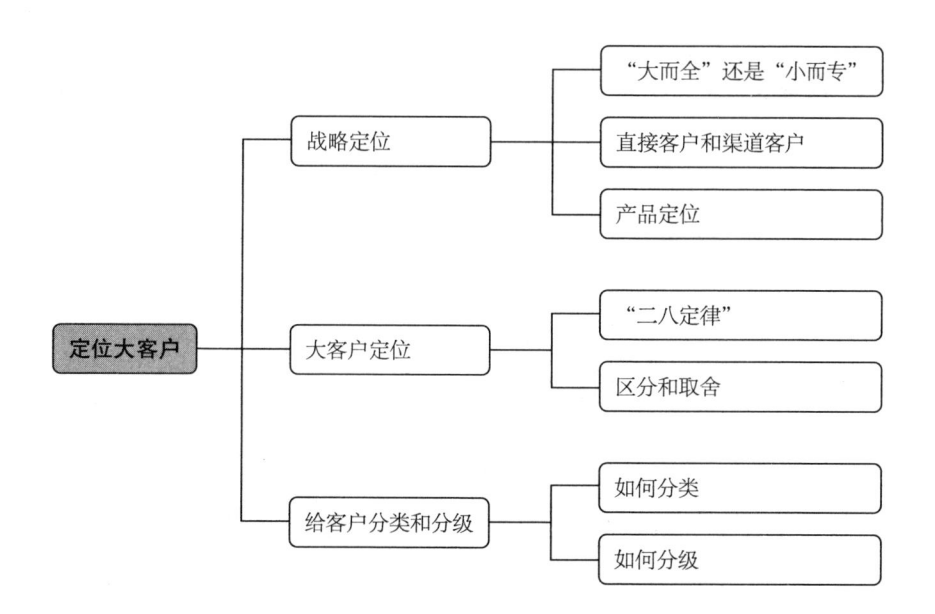

```
                              ┌─ "大而全"还是"小而专"
                   ┌─ 战略定位 ─┼─ 直接客户和渠道客户
                   │           └─ 产品定位
                   │
    定位大客户 ─────┼─ 大客户定位 ─┬─ "二八定律"
                   │              └─ 区分和取舍
                   │
                   └─ 给客户分类和分级 ─┬─ 如何分类
                                       └─ 如何分级
```

很多销售人员工作时很茫然，例如举办营销活动时不知道需要影响哪些人，拿起电话时不知道该打给谁，出去拜访客户时也不知道客户在哪里。其实，不仅销售人员茫然，企业管理者也茫然。他们往往怀着"什么赚钱就做什么"的想法，结果却发现自己做什么都赚不到钱，只能不断叹息。

我们需要意识到，经营的本质不是做多，而是做少。我们应该学会有效地分配时间、资金、精力，让每一分钟、每一笔钱、每一个人力都做到价值最大化。

一个"多"字害死人。大多数人都以为：客户越多，机会就越多；产品越多，成交的概率就越高。于是人们会把80%的时间、资金和精力花在价值较小的产品、项目和客户上，捡了芝麻丢了西瓜。

一、战略定位

"我是谁""我要成为谁"往往决定了你能影响怎样一群客户。在做客户定位之前，必须把自己的战略定位想清楚。"战"是做什么，"略"是不做什么。

通向罗马的路有千万条，每条路上会遇到的人、看到的风景都不尽相同。如果你选择了一条想走且能走的路，便只顾风雨兼程！

第一章　定位：锁定大客户

1. "大而全"还是"小而专"

在给营销或销售人员培训的会上，我们经常会问学员："你的客户是谁？"往往回答最多的是："对我的产品有需求的所有人都是我的客户。"

这个答案听上去是不是挺完美？但我们要非常抱歉地告诉你："不对！"

只要对我们的产品有需求的人就是我们的客户，那就等于没有客户！

你可曾想过以下三点：

（1）你的竞争对手将是你的所有同行。时移世易，如今是产能过剩的时代，绝大多数的产品都供大于求，<u>客户凭什么选择你？</u>

（2）大家都提供一样的产品或服务，同行中的"领头羊"更具有品牌影响力和规模优势，<u>客户凭什么选择你？</u>

（3）同样的功能、同样的作用，客户可以选择更廉价的，<u>客户凭什么选择你？</u>

如果说所有对我们的产品有需求的人都是我们的客户，这样看起来客户范围很广，但其实根本没有优势。

要如何破局呢？你需要比其他竞争对手更专业！

那么怎样才算更专业呢？更专业指的是"更加专精于某一个领域"，就像用1米长的钻头钻1000米的井，即在某个细分市场做到极致才能对客户进行精准营销。

现在的市场细分已经越做越精细。未来的市场属于两类企业："大而全"或"小而专"。

005

"大而全"的代表有美的、小米、百度等企业，"小而专"的代表有老干妈、杜蕾斯等品牌的企业。

"大而全"的企业会越做越大，成为"巨无霸"；"小而专"的企业会从"大蛋糕"中切掉一块独有的份额，从而赢得部分忠诚客户的信赖。

企业规模越大、实力越强，就越有能力降低成本，从而做出性价比高的产品。然而，小企业由于规模不够，很难具备成本优势，和大企业拼性价比并不是明智的选择，选择做"小而专"反而是一条更可行的道路。因此，一定要明确自己的市场选择和发展方向，让自己做得"更专业""更垂直"。

2. 直接客户和渠道客户

在很多行业，客户通常分为两类：第一类是直接客户，他们会直接采购我们的产品；第二类是渠道客户，也叫"经销商"或"代理商"，他们不生产产品，只是营销平台或中介，负责与直接客户对接，以达成销售。当然，也有一些企业既有生产功能，又具备代理商的功能，它们同样是我们的目标客户群。

在渠道选择上，我们的重点是直接客户还是渠道客户呢？还是二者兼备呢？

（1）直接客户

做直接客户的销售的好处是利润比较高，而且客户都积累在自己的手中，有一定的掌控权。我们需要想清楚哪些直接客户是我们要重点选择的。

① 行业背景

行业背景是最基本的判断要素，我们需要弄清楚客户是否与我们的行业相匹配，客户对我们的产品是否有最直接的采购需求等。如果我们销售的是化工原料产品，那么我们就要弄清楚对方是否是化工型企业；如果我们销售的是坯布，那么我们就要弄清楚对方是否是漂染企业或服装生产商；如果我们销售的是刀具，那么我们就要弄清楚对方是否是车床生产或加工企业等。

② 与产品定位的匹配度

即使在同一行业里，很多产品的规格、标准都有着很大的差异，比如不锈钢产品就有工业用途和食品级的区别，且就算是食品级，也有很多型号的区别，这就要求我们从产品定位去寻找有针对性的客户需求。

案例 被贴标签

2019年，我们承接了一家总部在无锡的环保监测设备企业的营销落地辅导项目。据介绍，该企业主要销售的产品有三大类：第一类是废水监测产品，第二类是烟气监测产品，第三类是VOC在线监测产品。除这些产品外，还有帮助企业运营的环保监测项目，包括代理申报、运营维护等，属于服务型产品。

该企业的销售团队是按照区域划分的。该企业的管理者带着我们去北方市场走访、到客户企业去访谈的时候，我们发现客户企业认为该企业只做烟气监测，以至于他们一想到烟气监测就首先想到该企业，等同于给该企业贴上了"烟气监测"的标签。

案例分析

以上案例就是一个从产品定位到客户定位,又回到产品定位的典型案例。当我们定位客户的时候,其实客户同样也在定位我们。这里要特别提醒的是,如果一家老企业生产的产品已经非常成熟,那么该企业才可以从产品定位过渡到客户定位。如果一家初创型企业的产品还不是很成熟,那么建议该企业先做精准的客户定位,再在客户身上找痛点,围绕客户的痛点来研发产品,或对产品价值进行重塑。

让我们继续分析这家企业的产品定位问题。在辅导项目启动之前,我们做了大量调研和访谈,发现该企业有一个根本问题,即产品定位不明确。该企业销售的产品可以分为11类,每一类里还有三四个子类,由此造成很多问题,比如客户定位不明确、价格优势不明显、服务质量无保障(因为产品覆盖面太广,对于很多产品,安装人员从来都没操作过,更谈不上维修了)、客户满意度低等。

其实类似的问题在很多初创型企业都存在,比如什么产品都想做,只要客户有需求就必须满足,这是很多企业所倡导的文化。但随之而来的后果非常明显,比如最明显的就是客户满意度低、重复采购的客户较少,导致销售人员必须不断地开发新市场,销售费用直线上升。

在这里要给大家说一个道理:当你把所有需要你的产品的客户都当作自己的目标客户时,就等于没有客户。因为如果这样的话,你面对的竞争对手就是你的所有同行,而客户没有任何一定选择你的理由。

就好比上面这个案例，该企业销售的产品类型过多，企业的口号是："只要是客户提出来的需求，我们就要满足。"听上去好像没什么问题，但随之而来的就是企业研发难度大，售后服务难度大，采购成本下不来，目标客户不明确，每一类产品的销量都上不来。该企业虽然能养活自己，但十多年的经营却比不上一家运营五六年、专做某一款产品的企业。

企业未来的发展方向有两个：第一个是做真正的行业"巨无霸"，成为客户心目中公认的行业"领头羊"，产品线可以相对较长，产品类型多种多样，能满足客户的任何需求；第二个是只做某一款或某一类产品，把它做精做专，让你的产品称霸这个行业。

如果你的企业规模不是特别大，那么就建议你选择第二个方向，即专注于某一特定领域的产品，让大家只要一提起某种需求，就能第一时间想到你的产品。这就是所谓的"聚焦法则"。

（2）渠道客户

与代理商合作最大的好处就是容易将规模做大，因为代理商手头有现成的客户群体，可以省去很多营销环节。有一些代理商拥有自己的售后服务团队，如果把售后服务交给代理商，就省却了很多维护方面的麻烦。然而，这样做的缺点是利润相对较低，同时也减少了对客户的掌控权。

我们同样需要想清楚哪些渠道客户是我们要重点选择的。具体需要注意以下几点。

① 主要销售的产品与我们主推的产品是否一致

代理商目前销售的产品最好能与我们主推的产品保持一致，这样他们对我们的产品就比较了解和熟悉，且目标客户群体也是现成的，可以减少代理商的推广难度。

② 是否具备售后服务功能

我们要考虑清楚是否需要代理商同时具备上门安装、维修等售后服务功能。因为如果代理商具备售后服务功能，我们的企业就可以减少很多后续的服务工作。虽说这样会牺牲一部分利润，但能因此提高客户的满意度和黏性。

③ 是否是老牌经销商

如果我们找的代理商刚从事销售工作不久，那么他积累的客户就不会太多，对我们的依赖也会更多，会增加我们的业务经费和销售成本。相反，如果对方是老牌经销商，那么他的客户就是现成的，市场影响力也比较大，一旦代理我们的产品，很快就会产生一定的业务量。

④ 是否愿意重点营销

就算是老牌经销商，如果他对我们的产品不重视，那么我们的销量也上不去。代理商通常会销售不同品牌的产品，如果他愿意主要经销我们的产品，投入的时间和精力肯定是不一样的，收效也不一样。

3. 产品定位

所有企业都需要做好产品定位，但是很多企业常常忘记这点。那么，一家企业如何做好产品定位呢？具体可参照以下几个步骤：

第一章　定位：锁定大客户

第一步：召集人员开会

需要召集销售部、市场部和服务部的人员（与销售相关的人员尽量全部参加），以及生产、研发和技术部门的负责人一起参会，由企业负责人或高管来主持会议。

第二步：罗列产品

把企业当前销售的所有产品的名称全部写在白板上，给每个产品编号，便于大家投票。

第三步：对产品进行投票

让大家根据自己对市场的认识、对客户需求的了解、对竞争品牌的掌握，并参考企业内部的生产条件、技术支持、运输和服务等方面的因素，选择自己认为最适合企业主销的三个产品进行投票（考虑客户需求是重中之重）。

这个环节非常重要，需要会议主持人提前进行引导，让大家明白好的产品不应该从我们自身的因素出发，一定要有"用户思维"，也就是要先从客户需求的角度去分析，抓住客户的痛点，其次再考虑企业的生产能力、成本、研发、维护、安装等因素。

当"卖点=痛点"，营销自然就成功了。"痛点"是客户最迫切想要解决的问题，"卖点"是我们的产品最主要的解决方案，也就是我们的优势。在考虑和选择我们的"拳头产品"时，必须首先考虑客户的需求，这就是必须把企业的销售部、市场部和服务部等部门的人员全部召集齐才能开这个会的道理所在。

第四步：唱票排名

根据大家的投票对现有的产品进行排名，排在前三位的就是企业未来应该主推的产品，末位的三个产品就是企业未来需要逐渐淘汰的产品。

第五步：确定主推产品

排在第一位的产品无疑是企业需要主推的"爆品"。如果企业规模不够大，企业完全可以给自己贴上标签，把企业品牌和主推产品进行捆绑营销。企业应将所有的营销、生产和研发力量向排在第一位的产品倾斜，或至少向排在前三位的产品倾斜，这就是"聚焦法则"在市场营销中的运用。

举例来说，大嘴老师主讲销售类课程，"销售"已经成为大嘴老师的一个主标签，次标签则是"大客户营销"，那么大嘴老师的对外营销口号就是"主讲大客户营销的销售类培训师"。

我们做产品定位时还需遵守以下四个法则。

（1）聚焦法则

做好市场营销的要点在于将注意力集中，缩小范围会使你更为强大（艾·里斯和杰克·特劳特，《22条商规》，机械工业出版社，2013年）。

（2）爆品战略法则

所谓的"爆品战略法则"就是找准用户的需求点，直接切入，做出足够好的产品，集中所有的精力和资源，在这一款产品上做突破（金错刀，《爆品战略：39个超级爆品案例的故事、逻辑与方法》，北京联合出版公司，2016年）。

第一章　定位：锁定大客户

（3）定价法则

如果我们的产品定位是高端产品，面对的客户只追求价格，那么这个客户就不是我们的目标客户，不符合用户画像。在做用户画像时，定价是非常关键的：定价定在高端，那么客户就是高端型或"求值型"客户，主要追求价值；定价定在低端，就要找在意价格的"求价型"客户，因为低价是主要优势。

（4）熟悉法则

除以上常规的定位法则以外，还有一些特殊法则可以利用，比如熟悉法则。如果我们曾经在某一行业从业多年，对这个行业特别了解和熟悉，就可以将该行业作为我们的主攻目标。

案例　确定主攻目标

小张是我们的一位学员，他是一家塑料包装制品企业的销售代表，该企业的产品行业覆盖面比较广，包括食品类、医药类、化妆品类等。小张已经从业两年多了，但一直不清楚筛选客户的方法。有一次上完课，他向我们咨询。我们和他聊了一会儿后发现，他在进入这家企业之前曾经有五年多的医药生产行业从业背景，我们便建议他以医药生产型企业作为自己未来的主要客户定位，聚焦医药行业营销。

案例分析

小张的情况就是对某一行业特别熟悉。首先他对客户比较熟悉，有利于建立信任，其次他对客户的需求比较了解，再次他与客户沟通时还能聊出很多共同话题，甚至客户遇到问题他也能现场帮助解决。

还有一些销售人员虽然没有在某一特定的行业工作过，但因为曾经做过几个相关行业的销售，所以相对而言会对该行业比其他行业的了解更为深入。

二、大客户定位

客户资源是销售人员最宝贵的财富之一。只要手里有客户，心里就不慌。这些客户有些是已经成交而需要继续服务的，有些是还在跟踪、尚未成交的潜在客户，还有一些是刚刚接触上的客户，只有最基本的客户信息。尽管有这么多客户资源，如果眉毛胡子一把抓，分配给每一个客户的服务时间没有任何倾斜，就未必会找到真正能成交的客户。做大客户定位非常有必要，销售人员需要把时间和精力投资到回报率最大的客户身上。

筛选大客户的主要依据来源于经济学中的"二八定律"。

"二八定律"又名"80/20法则"，是19世纪末、20世纪初意大利经济学家维弗雷多·帕累托（Vilfredo Pareto）发现的。他认为，在任何一组东西中，最重要的只占其中的一小部分，约为20%，其余的80%尽管是多数，却是次要的（理查德·科克，《80/20法则（个人版）》，中信出版社，2009年）。

"二八定律"的应用非常广泛：

世界财富的80%基本为20%的人所拥有；

在成功的道路上，20%的人会选择坚持，80%的人会选择放弃；

在一家大型超市中，往往20%的商品带来80%的收益；

在一个销售型企业的团队中，20%的精英通常会创造80%的业绩。

帕累托认为：多数，它们只能造成少许的影响；少数，它们将造成主要的、重大的影响。

本书主要研究的内容同样如此。我们面对的客户，同样也有20%将给我们带来80%的回报，而我们的时间是宝贵和有限的，为了让我们的收益最大化，就要学会把自己80%的时间和精力，甚至把可支配的80%的资源都投到这20%能产生80%收益的优质客户上。

顶尖高手做任何事情都懂得一个原则：选择+区分+取舍。首先，选择很重要，因为方向不对，努力白费，而方向选对，事半功倍。其次，有了选择还要有能力做区分，区分哪些方法可行，哪些方法不可行，有所为而有所不为。最后，还要做取舍，将最重要的资源放在最有价值的客户、最有价值的事情上。

无论你是谁，都要做选择和取舍，即使世界首富也不例外，因为资源永远是稀缺的，人们不可能用稀缺的资源去满足无限的欲望。企业的有限资源和销售人员的有限精力应该投到哪些客户身上，同样需要做出选择、区分和取舍，这其实就是战略。"战"是做什么，"略"是不做什么。

执行"二八定律"的精髓就是做区分和取舍。

（1）区分和取舍

区分哪些是20%的优质客户，哪些是80%的优质客户，然后把20%的优质客户留下来，把80%的优质客户舍弃掉。

（2）再区分和再取舍

大多数人做了一次"二八定律"的区分和取舍之后，会发现客户基数还是很大，依然不够精准，只实现了客户群体的筛选。接下来还需要对留下的20%再区分、再取舍。到了这一步，20%中的20%，即4%的客户，创造了80%中的80%，即64%的业绩。那么，做一次"二八定律"选择的关键客户的收益杠杆是4（80%除以20%），而做两次"二八定律"选择以后，关键客户的收益杠杆是16（64%除以4%）。这个数字不算不知道，一算很惊人！

（3）再再区分，再再取舍

在上一步留下的4%中继续做区分和取舍，留下4%中的20%，舍去80%，即最后只留下0.8%，也就是大约留下1%，能创造多大的业绩呢？$80\% \times 80\% \times 80\% \approx 51\%$，也就是说，只需要攻克约1%的重点客户，就能够为企业创造大约一半的业绩。

让销售人员抓100%的客户，这样怎么都不可能高效。如果只抓1%的客户会不会看起来简单多了？当然，这些客户也没那么容易应对，但是重点很清晰。从20%到4%，再到1%是不断筛选大客户的过程。如果说20%的客户是精准客户，4%的客户就算大客户了，那么1%的客户就是大客户中的VIP了。

三、给客户分类和分级

通常，有经验的销售人员手头总有几十位客户在维护，有些是已经成交了还需继续维系的，有些是还没成交待开发的。如何从这么多老客

第一章　定位：锁定大客户

户和待开发客户中区分出真正的大客户呢？

我们可以先分类，再分级。

1. 如何分类

我们通过采购量和价格两个维度，构建出如下"客户分类矩阵模型"。

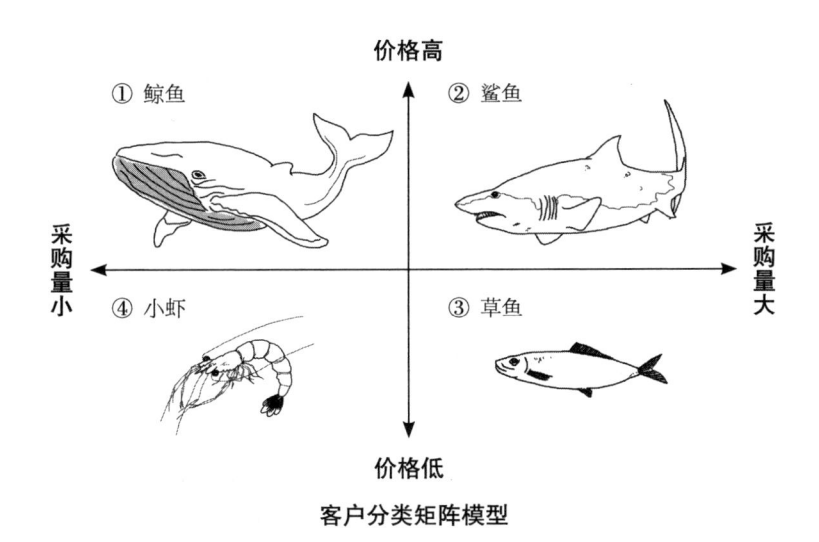

价格高

① 鲸鱼　　② 鲨鱼

采购量小 ←――――――――→ 采购量大

④ 小虾　　③ 草鱼

价格低

客户分类矩阵模型

"客户分类矩阵模型"的横坐标代表采购量，纵坐标代表采购价格。根据采购量的大小与价格的高低可以将客户分为四类：鲸鱼客户、鲨鱼客户、草鱼客户和小虾客户。

（1）鲸鱼客户。采购量小且采购价格高的客户被称为鲸鱼客户。鲸鱼是大海中体型较大的哺乳动物，数量比较稀少。就像有的大客户，采购价格和带来的利润都相当可观，但是这种客户不常见，采购量也不大。其实很多时候，不是客户没有采购量，而是客户将采购量较大的订单都给了别人，也就是"肉"被别人吃了，我们只能啃"骨头"。我们需要评估这类客户是否有希望继续挖掘：如果自己基本只具备啃"骨头"的资格，就不要再投入过多的资源；如果有希望把鲸鱼客户发展为鲨鱼客户，则值得重点维护。

（2）鲨鱼客户。采购量大且采购价格高的客户被称为鲨鱼客户，就像大海中的鲨鱼一样，庞大而珍贵。一只大鲨鱼胜过一群小鱼小虾。鲨鱼客户往往是大客户、优质客户，能为企业创造巨大的利润。有的鲨鱼客户甚至需要企业负责人或高管亲自接洽，或成立一个专门的项目组进行合作。不少企业负责人或高管会亲自负责几个鲨鱼客户，企业的业绩就基本有保障了。即使其他销售人员业绩一般，企业也能生存。

（3）草鱼客户。采购量大且采购价格较低的客户被称为草鱼客户，就像老百姓饭桌上常见的草鱼。虽然草鱼个头不大，但如果量大，积少成多，收益也是比较可观的。由大量草鱼客户创造的利润可以维持企业的日常运作。

（4）小虾客户。采购量很小且采购价格又很低的客户被称为小虾客户。因为小虾客户特别在乎价格，能够创造的利润又极低，维护还非常麻烦，谈单的时间也不比鲨鱼客户短，所以如果销售人员长期关注小虾客户，不仅疲于奔命，业绩也无法有大的突破。因此，这样的客户就可以抛弃，而把时间和精力节省下来钓大鱼。

如果企业把鲸鱼、鲨鱼、草鱼、小虾客户一起抓，就无法打造真正的"销售铁军"，无法提高销售人员的能力，无法积累好的客户资源，销售业绩也难以实现质的飞跃。针对这四类客户的营销策略与时间投入比例可参照表1-1执行。

第一章　定位：锁定大客户

表 1-1　营销策略与时间投入比例

序　号	类　型	属　性	策　略	时间投入比例
1	鲸鱼	超级大客户	长期维护	10%
2	鲨鱼	大客户	重点攻克	70%
3	草鱼	走量客户	渠道授权	20%
4	小虾	鸡肋客户	弃之不顾	0%

案例

环保监测设备企业的大客户营销

2019年，我们曾给一家环保监测设备企业的销售团队做辅导。该销售团队有20多位销售人员，每一位销售人员都各自为战，每个人都有很多客户。销售人员每天都很忙，但几年来业绩都没怎么增长。

我们首先找了一位销售冠军了解情况，让我们吃惊的是，他掌握的大大小小的客户竟然有500多个！

我们问他："你怎么能维护这么多客户呢？"

他说："我其实没时间去维护，都是客户给我打电话。大部分的订单其实量不大，但也要做。客户总是嫌价格高，我们后续服务压力很大。虽然我的客户很多，但我总觉得自己的业绩没有什么突破。"

我们帮他分析了一下，业绩没有突破的原因在于手头有这么多客户，他却从来没有做过梳理，也没有归类，而且对大客户没有主动去维护。

我们指导他做了四件事，结果他的业绩一年翻了两番！

第一，按照我们给出的模型把客户进行鲸鱼、鲨鱼、草鱼和小虾的分类。

第二，把所有鲨鱼客户的名单整理出来，对每个鲨鱼客户进行详细的信息登记，写出时间规划，主动去维护。要争取对每个鲨鱼客户都走访一遍，从中找出超级大客户进行重点维护。

第三，把所有的草鱼客户和关系一般的鲸鱼客户分给其他销售人员（授权），只留下一部分利润比较高的鲸鱼客户去自己维护。做好规划，每周给留下来的鲸鱼客户打电话。同时，对于分出去的客户要与其他销售人员确定好分成比例，并交接好客户信息。

第四，舍弃所有的小虾客户。因为这些小虾客户的采购量小，采购价格低，要求却丝毫不低，每到年底销售人员还要浪费时间去催款，所以宁愿舍弃，也要把时间节约出来去维护鲨鱼客户。

---

2. 如何分级

知道了对四类客户的营销策略与时间投入比例，那么如何给自己的客户分级呢？具体步骤如下：

第一步：分类列出所有客户

将手头的所有客户按以上四类进行归类，包括已经成交需要维护的老客户和未成交需要进一步营销的准客户。

第二步：列出评判标签

评判标签是决定客户大小的关键因素，比如：**年营业额、付款信誉、发展速度、上市与否、影响力、利润率、采购量、距离远近等**。

（1）年营业额是一个主要评判标签。客户的年营业额越大，代表客户的规模越大、能力越强。

（2）付款信誉是最容易被销售人员忽略的一项指标。忽略客户的付款信誉会导致成交以后容易出现很多呆账、坏账，销售人员在催款上要花费很多时间和精力。最好的办法是在合作之前就做好预防措施，及时了解客户的付款信誉，甚至可以放弃付款信誉不好的客户。

（3）发展速度是评判企业发展潜力的一个指标。如果某个销售人员在企业初创阶段就介入，并给予一定的支持，等日后企业发展壮大了，其他销售人员就很难拿到该企业的订单。

（4）企业上市与否可以作为一个评判要素，包括新三板和创业板，因为只要该企业被核准上市了，至少说明该企业具有一定的赢利能力，而且上市企业会非常重视自己的信誉，不会轻易拖款。

（5）企业影响力也需要考量。如果某个企业是知名企业，即使销售人员与该企业合作的规模不大，在与其他同行合作时也能为自我实力进行背书。比如，客户得知你与世界五百强企业正在合作，他们就会觉得你的产品质量和服务一定是值得认可的。

（6）利润率是判断大客户的重要指数之一。利润率虽然重要，但如果企业过于追求利润，反而容易失去竞争力，所以利润率的权重不宜过高。

（7）采购量也是评判一个企业是否是大客户的主要依据。

（8）距离的远近也需要考量。如果某个客户与销售人员所在的公司距离比较近，那么无论谈业务还是成交后进行售后服务，交通成本和时间成本都是最低的，而且一旦成交，还能影响周边的目标客户。

这8项只是笔者模拟和提炼出的几个评判标签，读者朋友们也可以根据自己的实际情况增加或删减。

第三步：设计客户分级表

设计客户分级表，并拟定每一个评判标签的分值，然后按照客户分类（如鲨鱼客户），给每一位客户打分，比如：如果某企业的年营业额达到1亿元，就打15分的满分；如果某企业有付款不及时的记录，就打10分。表1-2为可参考的示例。

表1-2 客户分级表示例

客户\标签分值	年营业额	付款信誉	发展速度	上市与否	影响力	利润率	采购量	距离远近	总分	级别
客户1	15分	15分	10分	10分	10分	10分	20分	10分		
客户2										
客户3										
客户4										

接下来，销售人员需要根据总分高低进行分级，找出需要重点维护的客户，即分数较高的客户。其中，分数较高的鲨鱼客户是销售人员需要维护的重中之重。

注意，鲸鱼客户很庞大，如果销售人员能力有限，花很多时间都很

第一章　定位：锁定大客户

难与客户成交，不如将之交给企业负责人或高管去接洽，而把时间和精力投到鲨鱼客户上，这样会有更稳定的产出。

【本章作业】

1. 选择一家公司，用"客户分类矩阵模型"对客户进行分类并列出主要的大客户。
2. 运用大客户定位的思维，对你的微信好友进行分类。
3. 思考："二八定律"除了能够进行大客户定位，还能在哪些地方应用？
4. 思考：应对各类客户的时间要如何分配？
5. 思考：如何把小客户发展为大客户？

【微营销小技巧1】一步加微信

让客户加我们的微信需要几个步骤呢？

1. 如果客户通过扫描我们的微信二维码添加好友，我们需要完成6个步骤：手机解锁——打开微信APP——点击"我"——点击头像——点击"二维码名片"——请客户扫码。

2. 如果客户通过搜索我们的微信名添加好友，我们需要指导客户完成8个步骤：手机解锁——打开微信APP——点击"通讯录"——点击"新的朋友"或点击"⊕"——点击"添加朋友"——输入微信号并搜索——点击"添加到通讯录"——点击"发送"。如下图所示：

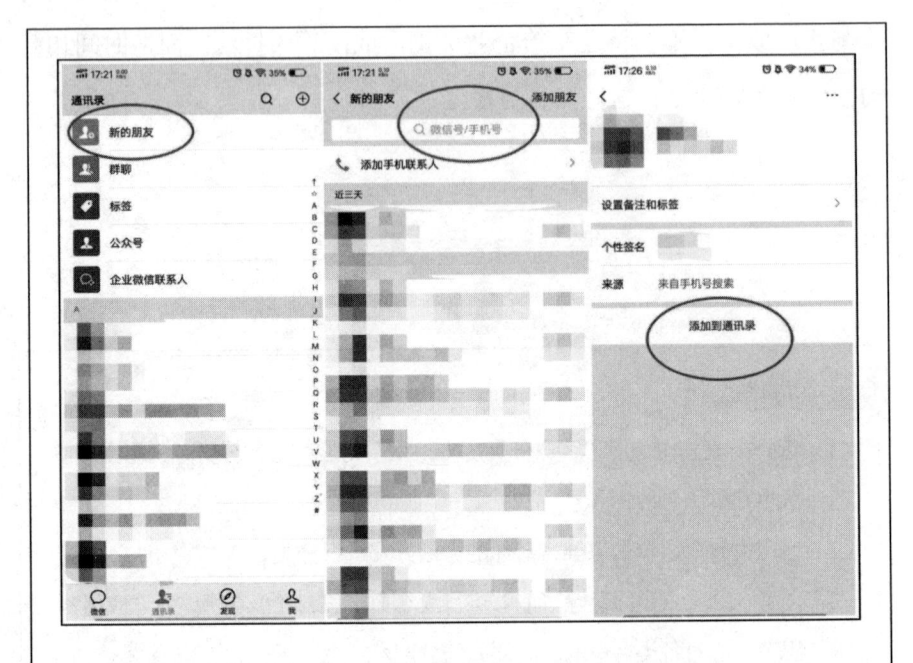

上述两种让客户加我们的微信的方法是我们生活中最常用的，可是过程烦琐、耗时长，一不小心还容易点错，需要重来，很多客户会变得不耐烦。这里教你一招**"一步加微信"的方法，即把我们手机的锁屏图片换成我们的微信二维码**。客户可以直接扫码添加你的微信，特别方便！

具体操作步骤：首先把我们的微信二维码保存为图片，然后把这张图片设置成自己的手机锁屏图片。下次客户需要加你的微信时，你连手机解锁都不用，可以掏出手机直接让客户扫码，从而提升速度，提高成功率。

"一步加微信"的方法除了将微信二维码图片设置为手机锁屏图片，还有很多灵活变式，例如将自己的微信二维码图片打印出来制成小卡片放到手机背面的透明壳里，或将二维码图片制成手机小挂坠，迷你可爱又实用。你学会了吗？

第二章 02
拓客：开发大客户的 10 种方法

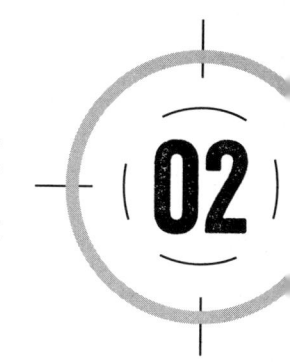

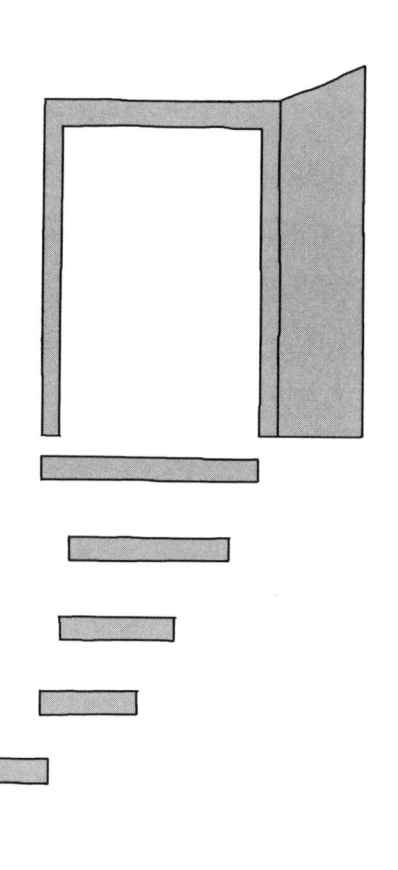

第二章　拓客：开发大客户的 10 种方法

学习目标：

1. 掌握"鱼塘式营销"的步骤；
2. 懂得运用网络搜索、异业交换、微信和其他新媒体开发客户；
3. 了解运用短视频、直播等开发客户的方法。

本章导读：

销售没有多少捷径，"大数法则"告诉我们：拜访客户的基数变大，最终成交量才会增加。

在移动互联网时代，人人都是自媒体，卖产品不如卖自己。

要把异业的销售冠军当作我们的大客户来对待。

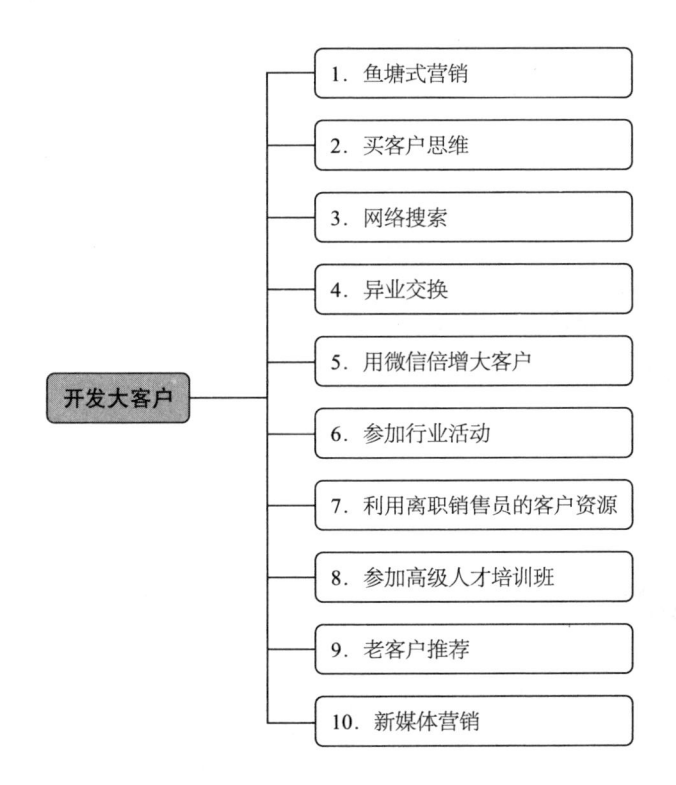

开发大客户
- 1. 鱼塘式营销
- 2. 买客户思维
- 3. 网络搜索
- 4. 异业交换
- 5. 用微信倍增大客户
- 6. 参加行业活动
- 7. 利用离职销售员的客户资源
- 8. 参加高级人才培训班
- 9. 老客户推荐
- 10. 新媒体营销

当你知道了自己的目标客户是谁或大客户是谁后，你不能只守着自己现有的客户。要想提升自己的业绩，除了服务好现有的客户，还要不断增加新客户的数量。

销售中有一个众所周知的法则，叫作**"大数法则"**。

如果成交一笔新业务需要拜访10个新客户，那么按照这个概率来算，拜访100个新客户就可能会成交10单。所以，要想提升成交量，首先就要提高拜访新客户的基数，这就是"大数法则"。

$$\frac{1}{10} \Rightarrow \frac{10}{100}$$

其实销售没有什么捷径，最有效的方法，也可以说最笨的方法就是多多拜访新客户。当你的客户基数增加后，销售业绩也就随之提高了。

营销中有一句经典语录："走出去，说出来，把钱收回来。"但如果你还是用以前的方法，不断拜访陌生人、满大街地找新客户的话，效率是非常低下的，而且还很容易打击你好不容易提升上来的积极性。那么如何才能拥有源源不断的精准客户资源呢？首先给大家分享一个概念，叫作"鱼塘式营销"。

一、鱼塘式营销

具有传奇色彩的营销大师杰·亚伯拉罕（Jay Abraham）曾经说过：

第二章　拓客：开发大客户的 10 种方法

"把不同的客户描述成鱼，而不同的客户的集合就是不同的鱼塘。我们应该根据自己的目标客户去思考怎样从别人已经建立起来的鱼塘中快速找到目标客户。"

基于这样的思维，曹大嘴和傅一声根据十多年的营销培训与企业落地营销辅导经验，立足于当前移动互联网营销的环境，总结并完善了鱼塘式营销，于2019年出版了《鱼塘式营销：小成本撬动大流量》一书，旨在帮助企业解决从引流到成交过程中各环节的营销难题，用小成本为企业带来巨大的流量。

"鱼塘式营销"的含义是：把客户比作鱼儿，把客户的聚集地比作鱼塘，通过对鱼儿和鱼塘的营销，低成本地获取精准客户并完成交易。

为什么"鱼塘式营销"是做大客户营销的重要思维和方法呢？先来看一个经典案例。

案例　《我不是药神》中的营销智慧

有一部徐峥主演的小成本电影风靡全国，7000万元的投资创造了近31亿元的惊人票房！这部电影叫《我不是药神》，听说看哭了很多人。

在影片中，徐峥饰演的药贩子程勇最开始推销仿制药屡屡受挫，虽然该仿制药与正版药有同样的疗效，且价格只需正版药的七分之一，但是无论销售人员多么热心，多么积极主动，还是被客户一次次拒绝，一次次被骂成骗子。

为什么呢？原因很简单，销售人员与客户之间缺乏基本的信任。直到程勇遇到了刘思慧。刘思慧是谁？她有三重身份：第一重身份是钢管舞演员，第二重身份是慢粒白血病患者的妈妈，第三重身份是QQ病友群的群主。正是她的QQ病友群的群主这个身份,为程勇的卖药生意带来转机……在移动互联网时代,我们把刘思慧的第三重身份称为"塘主",而她所在的QQ群就是"鱼塘"。程勇因为结交了刘思慧这位"塘主",搭建起了与客户之间的信任桥梁,从而把"鱼塘"中的"鱼儿"轻松地转化为自己的客户。

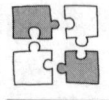

案例分析 看完这个案例,读者朋友们对"鱼塘式营销"有些理解了吧?程勇通过与QQ病友群的群主刘思慧达成合作,从而解决了销售难题。如果程勇没有与刘思慧合作,而是继续采用传统的推销模式,估计早就干不下去了。

"鱼塘式营销"中有几个关键名词,分别代表"鱼塘式营销"中的关键角色或环节。

(1)鱼儿:"鱼塘式营销"形象地把精准客户比作鱼儿。在上一章中,大家已经知道如何细化出自己的鲸鱼客户、鲨鱼客户、草鱼客户和小虾客户,知道如何明确自己的大客户群体。

(2)鱼塘:鱼儿生活在哪里?水里。只要找到鱼塘,也就找到了鱼儿。同理,在"鱼塘式营销"中,鱼儿指的是精准客户,鱼塘则是精准客户的聚集地。从不同的维度,可以对鱼塘进行不同的分类。例如,根据鱼儿的稳定性,鱼塘可以分为临时型鱼塘、周期型鱼塘和长期型鱼塘;根据渠道,鱼塘可以分为线下鱼塘和线上鱼塘;根据对鱼塘的控制权,鱼塘又可以分为他人的鱼塘和自己的鱼塘。找到合适的鱼塘是营销中最关键的环节之一。不同类型的鱼塘都有其适合的营销策略,这里不再赘述,大家可以阅读《鱼塘式营销:小成本撬动大流量》一书。

（3）塘主：鱼塘的主人或管理员被称为"塘主"。有的鱼塘是没有塘主的，例如地推场所，还有抖音、微博等公域流量池。更多的鱼塘是有塘主的，例如：在微信群、QQ群等私域流量池中，群主、管理员、有较大话语权的群成员都算作塘主；协会的会长、秘书长、理事会成员等都算作协会的塘主。当然，如果是自建的鱼塘，那么自己就是塘主。

（4）鱼饵：所谓的鱼饵就是用来把鱼儿从鱼塘引流到企业或让鱼儿与销售人员建立联络的东西。鱼饵可以是一个赠品，也可以是产品的一部分。"鱼塘式营销"重在引流，鱼饵则是引流成败的关键。引流能否成功，关键看能否选对鱼饵。

（5）养鱼：无论已经成交的客户，还是没有成交的客户，只要有过接触，就需要通过各种方式维护好，不断增强信任感与黏性。我们把这个过程称为"养鱼"。

（6）钓鱼：指与客户顺利成交。

"鱼塘式营销"的流程如下图所示。

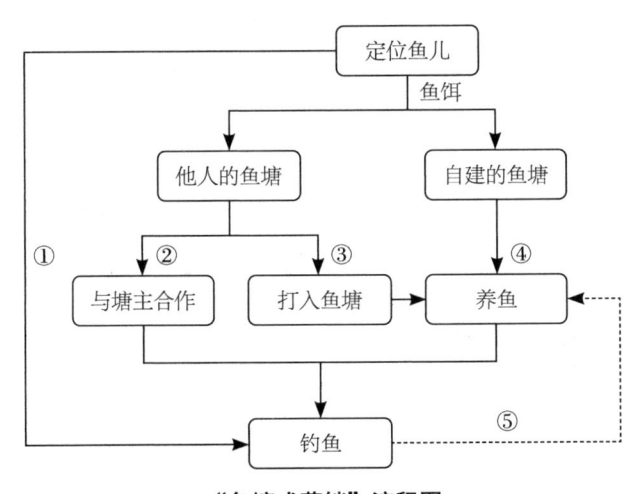

"鱼塘式营销"流程图

从流程图中可以看出以下几种营销路径：

（1）接触到客户以后，立马就成交。常见于主动上门的客户及由广告推销和传统电商获得的精准客户等。

（2）通过与塘主合作，在他人的鱼塘中顺利获得客户并成交。常见于客户资源共享、互相推荐、产品推介会等营销场景。如今非常火爆的"网红带货"大多也属于这种营销模式。例如，某品牌商找某知名主播直播带货。因为该主播有着上千万的粉丝，拥有巨大的线上鱼塘，所以该主播是一位塘主。品牌商需要支付商务推荐费用与后期的销售提成，以请该主播推荐该品牌的产品或直播销售该产品。

（3）成为他人的鱼塘中的一条鱼，打入该鱼塘，与鱼塘中的其他鱼儿做朋友，维护好关系，不断养鱼并逐步成交。常见于协会、商会、俱乐部、社群、总裁班等营销场景。

（4）自建鱼塘，通过各种方式吸引潜在客户进入鱼塘，通过养鱼建立信任感，在合适的时间成交。常见于社群、协会、俱乐部、自媒体、直播等营销场景。

（5）对已经成交的客户继续养鱼，努力让客户复购与转介绍，开发客户的终身价值。

二、买客户思维

无论怎样，企业的力量都要远远大于个人的力量。企业通常会做一些大型的市场营销活动和资源建设，所以你的上级或销售总监肯定会有一些高品质的客户资源，而他们通常会把这些资源向业绩出色的销售人员那里倾斜。

除了从企业内部获取客户资源，更多的是从外部渠道获取。当然，无论对内还是对外，获取优质客户资源都需要付出一定的代价，我们头脑中要有一个**"买客户思维"**。

什么是买客户思维呢？

假设我有10个优质客户资源，如果全部交给你，至少有两个客户会成交。假设成交后你的业绩提成是5000元钱，如果让你提前从这5000元业绩提成中拿出1000元和我交换这10个客户资源，你会愿意吗？如果我担保，签不到单我负责，你会愿意吗？

很多销售人员都不愿意把投资花在前面，只愿意承诺成交以后再按业绩分成，比如对于上面的10个客户资源，你可能更愿意让我先把客户资源给你，等成交后再和我分成。这样做虽然看上去没有风险，但却缺少了"先付出"的精神，那么你得到的真正有价值的客户资源就不会太多。

再谈一点：**销售就是做生意**。其实每一位销售人员自己就是自己的老板，你不是在单纯地打工，而是在做生意。前期的付出会给你带来更多精准的客户资源。

三、网络搜索

互联网发展到今天已经无孔不入了，当你对你的客户清楚地定位后，就可以通过网络搜索你的大客户了。

1. 通过搜索引擎

如何运用各种搜索引擎这里就不再赘述了，相信读者朋友们都已经用得很熟练了。

2. 通过企业信息搜索工具

比如通过国家企业信用信息公示系统等合法的企业信息查询网站搜索关键词，获取企业相关信息，再搜索联系方式。

3. 通过商务平台

比如在阿里巴巴、慧聪网等商务平台上，通过关键词来搜索你需要的准客户信息。一般而言，具有一定规模的企业都有自己的电商部，且都会在这些平台上登记企业信息。

4. 通过招聘平台

很多企业会在一些招聘平台上发布招聘信息，这是一个不错的搜索渠道。你可以通过58同城、赶集网、前程无忧、智联招聘等网站用关键词搜索企业信息，再找到联系方式。虽然大多数发布招聘信息的企业留的都是人力资源专员的联系方式，但是你可以通过这些联系方式进而联系到企业的业务部门。

5. 通过自媒体平台

你也可以通过抖音、小红书、微博、快手、哔哩哔哩、百度贴吧等平台获取更多的精准用户。细心的朋友会发现，在微博等平台上，一条爆红的内容的下方评论区里，经常会出现带有广告性质的评论。如果有需求的人正好看到该内容，就会通过广告中的联系方式联络销售人员。在百度知道、知乎、百度贴吧、悟空问答等平台，你可以通过回答与自己销售的产品有关的问题来获取客户。尤其是优质的回答，引流效果是非常不错的。类似的方法非常多，如果细心留意，你会发现在每个自媒体平台都有获取客户的独特方法。

四、异业交换

这里讲的"异业"是指与你的客户一致，但所销售的产品不一样的企业。

如果你是销售汽车保险杠产品的，那么你要结交的朋友就是给汽车提供配件产品（如汽车音响、坐垫、车用涂料喷漆、车用钢材等）的企业的相关销售人员。如果你是销售管理软件的，那么你就可以和企业培训机构合作，或直接与培训讲师合作。因为你们面对的客户是一样的，但没有竞争关系，所以你们完全可以共享资源，达到抱团取暖、互利共赢的目的。

在日常拜访客户的过程中，你需要留意身边与你一样的销售人员，把他们同样作为你的业务渠道去推广，尤其是那些在行业里业绩比较优秀的销售精英。

总结一句话：**我们要把异业的销售精英当作我们的大客户来对待。**

因此，我们的目标客户不仅是消费者或企业，还有那些和我们一样勤奋的销售人员。

五、用微信倍增大客户

在移动互联网时代，**"人人都是自媒体"**。几乎每个人都有微信，每个人的微信朋友圈里少则几百，多则几千位好友。还有不少人一个微信都不够用了，有好几个微信。人们的朋友圈就是我们销售人员的营销战场，尤其同业、同行人士的朋友圈更是我们需要重点开发的市场。

那么应该如何有效地通过微信开发精准客户呢？以下推荐两个非常实用的技巧。

第二章　拓客：开发大客户的 10 种方法

1. 朋友圈互推

前面已经提到，异业的销售人员是我们的客户，因为他和我们的一些潜在客户已经达成过交易，建立了一定的信任关系。通过异业销售人员的介绍，我们能快速获取新的优质客户。那么，异业销售人员已签单的客户都在哪里呢？答案是都在他们的朋友圈里。如果你的异业合作伙伴能在他的朋友圈里推送一下关于你和你的产品的介绍，有需求的客户就会主动加你的微信进行询问，这就是朋友圈互推的技巧，它非常实用。

具体流程如下：

第一步：锁定互推对象

首先要对你的互推对象做一个精准的"画像"，必须符合以下三点要求：

第一，客户一致性。

首先，你们的目标客户必须是基本一致的；其次，你们所在的城市区域也应是基本一致的。

第二，产品差异化。

你们销售的产品应不一样，这样不会产生竞争。如果有少量重叠也没关系，只要主销产品不同就可以。

第三，资源平等性。

首先，这个互推对象的入行时间要相对久一点，比如你入行10年，那么对方至少也得入行5年左右；其次，对方的业务能力要比较强，手头的客户资源要比较多，比如他可以是某企业的销售冠军或某企业的高管。

第二步：先帮对方推广

你可以向对方索要他的微信二维码、个人介绍和产品介绍，然后把这些资料整理成简单的文字和图片，发布在自己的朋友圈里和相关的微信群内。

这个步骤比较关键，你必须想方设法让对方能够加到更多的精准客户，所以你必须把文字撰写得不像广告，即不能直接写出对方的电话和店址，也不能过度宣传对方的产品。然后就是挑选合适的时间发布，比如早上八点、中午十二点、下午三四点或晚上八九点，这四个时间通常是目标客户比较空闲和有可能会看朋友圈的时候。另外，在微信群发布消息也要选择行业大群，以便让更多的精准客户看到。

总之，要尽量让你的推广更有效，让更多的精准客户加对方为微信好友，对方才会愿意以同样的方式来回报你。

第三步：让对方帮你推广

你需要将自己的推广文字、二维码及产品宣传图片编辑好再发给对方，请他帮你推广。因为他已经从你这里获得新客户了，所以他会很愿意帮你做推广。

案例：大嘴老师的讲师互推

2018年11月，大嘴老师找了几位同行做微信朋友圈互推，效果非常好。大家都知道，大嘴老师是主讲销售技巧的培训师，目标客户为培训机构（渠道）和企业客户（直客）。根据自己的具体情况（从业14年，年授课量约为180天），大嘴老师对互推对象进行了"画像"。

首先，对方应是资深职业讲师（至少从业8年，年授课量为100天以上）。

其次，对方的客户范围也应该是江浙沪地区（与大嘴老师的客户范围相同）。

再者，对方不能是讲销售类课程的培训师，否则将与大嘴老师的课程产生冲突。

大嘴老师由此选择了几位主讲生产管理、商务礼仪及人力资源类课程的资深讲师，其中有一位主讲生产管理的杨老师最符合大嘴老师的互推"画像"。与之沟通后，对方欣然同意合作。

大嘴老师首先给对方写了一个推广文案，并配上对方的宣传图和二维码，然后在合适的时间发布到大嘴老师的朋友圈里和几个相关的培训行业大群内。当天就有15位培训机构的负责人和企业负责人主动加了杨老师的微信，而且已经有机构开始和杨老师洽谈合作了。

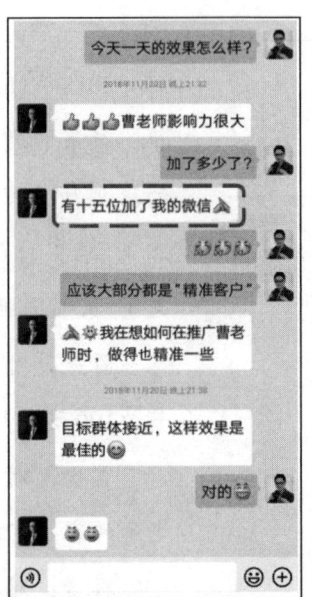

过了一周后，杨老师根据大嘴老师提供的素材也做了类似的推广。推广当天，大嘴老师就得到了13位精准客户。

然后大嘴老师又找了其他几位讲师合作。短短一个月的时间，大嘴老师就多了近百位精准客户，而且价值非常高，很多都已经陆续展开业务合作。

此外，在几场公开课中，大嘴老师还让学员彼此做了互推。有一次上课的时候，一位学员一节课加了23位精准客户，而且已经有客户开始讨价还价并准备成交了。

案例分析

以上案例是大嘴老师自己真实体验和亲身经历的，互推的效果非常好，能够快速增加精准客户。通过微信互推加到的好友还有一个特点，那就是具备主动性。客户主动加你为好友和被动加好友的区别还是很大的。客户主动加你首先能说明对方有真实需求，其次是他有求于你，而不是你有求于他，这种心理感受是完全不一样的。

2. 微信群互换

很多销售人员都会通过微信去做一些增加客户资源的工作，比如与好友交换微信群，但往往因为不得其法而收效甚微。

先看看之前你是怎么做的。进入一个新的包含相关客户的微信群后，你会首先在群里通过发微信红包的方式引起大家的注意，然后发广告推广自己，对吧？但你会发现，大家只收微信红包，却没有人主动来与你聊天和互动，更不要说做生意了。为什么会这样呢？这是因为，当你作为一名新成员进入一个微信群后，大家对你是陌生的，你和老成员之间缺乏信任关系。无论你发多少微信红包，他们都会认为你就是个来做推销的销售人员。

所以，正确的流程应该是这样的：

第一步当然是选择同业合作伙伴交换微信群。第二步是**先把对方拉进你自己的行业大群**，所谓的互换原则是**以"先付出"为前提**的。将对方拉进你的微信群之后，也要主动帮对方在群里引荐，提升一些人气。第三步才是请对方把你拉进他的行业大群。

进群以后还有四步要完成：

第一步：改微信群中的昵称

你需要把微信群中的昵称修改为：昵称+功能。就好比大嘴老师的

昵称是"曹大嘴|最幽默的营销培训师"。这里建议做销售的伙伴们最好给自己取一个好记的微信昵称，以便于大家记住你，也易于传播。在互联网时代，我们自己就是产品，要销售自己就必须给自己取一个响亮的名字。后面的"功能"指的是你是做什么方面的销售的，比如你的昵称是"×××"，你是卖不锈钢的，那么你的昵称就可以是"×××|304不锈钢专卖"。

第二步：请引荐人介绍你

别人引荐你会比你自己介绍自己更有说服力，而且引荐人和群里的成员都很熟悉，由他引荐你，自然多了一份信任感。

当然，引荐的话术最好由你自己编写好了预先发给引荐人。这些话不要太过于像广告语，要用直白的话去简明扼要地介绍你自己，并且最好用几个关键数据来说明，比如介绍大嘴老师是从业14年的资深职业营销培训师等。

第三步：积极与群成员互动

首先要把这个新群置顶，每天到群里与大家互动。别人聊天气，你也聊天气；别人吐槽生意难做，你也和他们一起发发牢骚。总而言之，要经常刷存在感。你的名字其实就是广告，只要经常在大家面前出现，大家慢慢就对你熟悉了，会逐渐把你当作自己人。

第四步：加好友

和群里的伙伴们熟悉之后，你就可以寻找你的精准目标一个一个地加好友了，也可以适当地在群里发一些营销软文，或发一些"鱼饵"类的营销信息。

加好友也是有技巧的，核心就是先要给对方一个加你为好友的理由，而且这个理由是对他有利的。

俗话说，**做营销就是找理由**。你还记得王老吉的经典广告语吗？你肯定记得，那就是"怕上火，喝王老吉"。这句经典的广告语的成功之处就是：给了你一个为什么喝王老吉的理由。加好友也是如此，你要先给对方一个必须加你的理由。比如"我有300多个好友和50个行业大群可以与你共享""成为我的好友，我可以免费帮你在我的朋友圈里推广""我也是做钢材生意的，我可以给你推荐客户""久闻大名，我希望向您学习，向您请教"，等等。

六、参加行业活动

如果你将大客户锁定为有一定影响力的企业家，那么你有一个投资是必须要做的，那就是进入"企业家俱乐部"。只有成为该俱乐部的会员后，你才有机会参与企业家的聚会活动，进而有机会与你的准客户近距离接触。这样的接触更自然、更轻松，同时你还可以结识很多类似的大客户，可谓一劳永逸。

无论企业家俱乐部，还是各种协会、商会，都会帮助你精准地获取优质的客户资源，有利于开发优质的大客户。

大嘴老师个人参加的各种企业家俱乐部就有8个，行业协会和组织机构有7个,而且都是经过筛选的。每到年底,大嘴老师都非常忙碌,除了忙着授课,还要忙着参加各种年会。有些协会甚至干脆邀请大嘴老师来做嘉宾主持。

大嘴老师所在的城市是二线城市,企业家之间都是比较熟悉的,经常参加这样的聚会,很容易结识更多的企业家,也更容易获得直接的签单机会。

你需要深入企业家中间,只有先和他们做朋友,你才有机会去推销你的产品和你的企业。正所谓,**卖产品不如先"卖"自己**。

此外,你还可以参加行业展销会,在展会中除了可以遇见直接客户,还能认识更多的同行。正如本书前面说过的,只要对方的产品与你的产品不是直接竞争关系,你们完全可以成为合作伙伴,互相交换资源。

参加行业活动需要掌握两个技巧:第一个是"1米法则",第二个是"搭讪三步法"。

1. 1米法则

所谓的1米法则指的是,对于在你身边1米范围内的人,你都得主动打招呼,尤其是在参加行业沙龙或展销会的时候。如果你的产品适合所有人群,那么当你坐地铁、在银行排队、乘坐飞机,甚至坐电梯时,都要主动与身边的人打招呼,以此来倍增自己的客户资源。

被称为"世界上最伟大的推销员"的乔·吉拉德在这方面就做到了极致。他无论走到哪里,都会给身边的人发名片,并自我介绍:"您好,我是卖汽车的乔·吉拉德,很高兴认识您。"当他在餐厅吃饭时,他会给服务员发名片;当他坐飞机时,他会给飞机上的乘客发名片。即便后来他成名了，经常被人邀请去演讲，演讲开始前他还是会给每一位入场的观众发名片。他会请礼仪小姐发，请主持人发，或等自己上了台以后亲自发。结果一场演讲下来，有的观众手上都有六七张乔·吉拉德的名片了。他是如何打破汽车销售的吉尼斯世界纪录的呢？其实就是一直坚持这种看起来很原始的方法，时刻抓住倍增自己的客户的机会。

2. 搭讪三步法

要成为优秀的销售人员，有一项特质是必须具备的，那就是**要主动**。

如果你现在还不具备主动与新客户搭讪的本领也没关系，这里设计了简单易行的搭讪三步法，按照这三个步骤去实际操作即可。

第一步：对眼

这个动作是指主动与陌生人"四目相望"。注意，不是直接看对方的眼睛，而是看对方脸部三角区的中间部位。三角区是指以两条眉毛为上横线，嘴巴为下顶点，以此画出一个脸部倒三角形，然后看这个三角形的中间部分即可。没错，就是鼻子。

第二步：微笑

当对方也在看你的时候，请立刻露出富有亲和力的微笑。

第三步：点头

微笑的同时，轻轻地点两下头。微笑点头之后，你们就算打过招呼了，接下来你想要跟对方聊些什么都显得不那么尴尬了。

这时，你与客户就已经从完全陌生进阶为半熟了，赶紧去实践吧！

七、利用离职销售员的客户资源

销售工作比较辛苦，需要到处跑业务，还会经常被客户拒绝。为此，你需要有一颗强大的心脏，同时还要具备较强的心理素质。销售行业的离职率比较高，那么对于这些离职的销售员之前拥有的客户资源，你能否想方设法接过来呢？

案例 "狗屎运"

大嘴老师有一个表弟，由于性格原因，做事经常虎头蛇尾，工作了四五年，却换了六七份工作。后来他去了一家家电企业做外贸销售，却在短短两个月里成为团队的销售冠军。

大嘴老师知道后非常诧异，连忙问他是如何在两个月的时间内成为销售冠军的。

大嘴老师的表弟支支吾吾了半天才告诉大嘴老师，原来在他去之前正好有一个销售员离职了，而大嘴老师的表弟把这位离职销售员之前跟踪的客户全盘接手了，结果其中有几个客户刚好要签单。于是大嘴老师的表弟就走了"狗屎运"。

> **案例分析**
>
> 这个案例很有意思,一方面说明大家做销售要坚持,一旦放弃,前面的坚持也就等于白费了,另一方面,我们要把那些离职销售员之前跟踪过的客户想方设法地留下来,这样他之前的努力就会成为你的回报,也是一件美事。

八、参加高级人才培训班

目前国内有很多EMBA培训班,或者各培训机构自己组织的各类总裁培训班,虽然学费昂贵,但如果参加的话,除了可以学到管理、营销等专业知识,还能收获丰厚的客户资源。

> **案例 大嘴老师参加EMBA培训班**
>
> 大嘴老师在2006年曾参加过上海交通大学在无锡举办的EMBA培训班。当时班上有近30位学员,他们不是企业总裁就是高管。在学习的过程中,同学们自发地组织了很多次同学聚会。在这期间,大嘴老师结识了20多位朋友,这在大嘴老师今后十多年的培训生涯中起到了决定性的作用。其中近80%的学员都成了大嘴老师的直接客户,而且还给大嘴老师推荐了很多优质的企业资源。

案例分析

这种长期的总裁班效果是比较好的,因为大家经常有时间在一起交流,客户资源便自然而然地积累起来了。

当然还有另外一种短期的总裁培训班或管理类公开课,大家也是可以参加的,但需要你更主动地去与准客户交流和沟通。

现在的企业高管都比较爱学习,他们知道不学习就会被淘汰,所以每个人都非常好学。销售人员在报这类培训班学习先进理念的同时,还可以拓展自己的客户资源,这样的投资是很值得的,最终定会有所收获。

九、老客户推荐

已经签单的老客户其实才是我们最大的财富,而很多销售人员却总把注意力放在外面的新客户身上。如何做老客户推荐,这一技巧在本书最后一章会详细阐述。

十、新媒体营销

在移动互联网时代,"哪里有流量,哪里就有生意"。如何通过新媒体营销手段从互联网上获取流量,开发新客户,已经成为各大企业的营销重点。笔者傅一声是国内知名的新媒体营销培训师,在培训辅导中明显地感受到当今企业的焦虑,很多传统的获客方式已经不管用了,企业被迫到网上去寻找新客户。

案例　商场不开门,网上照样卖

2020年,一场席卷全球的疫情对很多线下行业造成不小的影响。某知名家电品牌的商场、门店面临几个月无法开门营业的困境,业务无法开展,企业和经销商都很焦虑。元宵节刚过,该企业就找到傅一声老师咨询解决办法。傅一声老师说:"很简单,现在线下门店不能开,就到线上去开;产品在线下没法卖,就到线上卖。产品是现成的,销售人员也是现成的,无非换个场地,换个形式而已。"

于是,傅一声老师给该企业做了几场直播卖货技能培训,教大家如何在网上直播卖货。直播授课一来能够同时对分布在全国各地的员工进行培训,二来能够对如何做直播给大家做示范。

培训的第一天,实时在线人数就达到了两万多人,各大分公司及经销商都来认真学习在淘宝、京东、抖音、快手、微信等平台如何进行直播卖货。几场培训下来，各个门店听取了傅一声老师的建议，组织员工排班直播。从大店到小店，从企业号到个人号，全部启动直播卖货，效果显著。

有一个门店的直销员第一天直播就卖出了41台高端洗衣机，直销员自己都惊呆了。很多优秀的销售人员通过直播不仅卖了货，而且积累了一大批粉丝，把潜在的客户积累在自己的微信好友和微信群中。有一些潜在客户不放心在网上下单，要等门店开了再进店选购，但是即便这样也为门店积累了大批精准客户。

直播卖货技能培训

新媒体营销专家 傅一声

● 已结束　39809人次　　　　　　倍速　∧

第二章 拓客：开发大客户的10种方法

案例分析

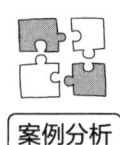

该家电企业面对困局，率先尝试突破，第一时间请专家指导，全员参与培训，并积极实践，把危机变成了机遇。这样做不仅解决了特殊时期的销售困难，而且能够持续地通过新媒体营销方式获取客户。

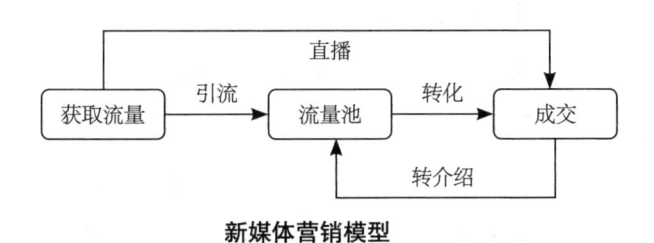

```
                        直播
         ┌─────────────────────────────┐
         ↓                             │
    获取流量 ──引流──→ 流量池 ──转化──→ 成交
                       ↑                │
                       └──── 转介绍 ────┘
```

新媒体营销模型

如上图所示，直播只是新媒体营销的一种方式，当前比较有效的新媒体营销方式还有通过短视频、社交电商、社群、群团购、自媒体等方式进行营销。通过傅一声老师建立的"新媒体营销模型"，我们可以看到三种常见的新媒体营销方式。

（1）在抖音、微信、头条、微博、百度等各种平台获取流量，通过直播进行交易。上述案例中的家电企业就主要使用了该方式。

（2）在新媒体平台上获取流量，导入自己的流量池（微信号、社群等），再进行转化。

（3）将已经成交的客户导入自己的流量池，产生复购或转介绍，从而吸引更多的新客户。

案例：网红保险销售员

2020年，某大型保险公司就"保险行业如何进行新媒体营销"请教傅一声老师。傅一声老师给他们看了新媒体营销模型图，指出："保险是强信任的产品，你们应该以第二种方式为主。"保险不像家电、服装一类的实体产品，通过直播卖货就能让用户愿意立即在网上下单。保险的专业性比较强，销售人员可以从新媒体平台上获取陌生流量，导入微信中，再一对一私聊并成交。

于是，傅一声老师给该保险公司设计了"短视频与直播训练营"。该公司选拔了150位有潜力的销售精英参加培训。傅一声老师培训他们定位、策划、拍摄、剪辑短视频，并让有的销售人员拍摄剧情类短视频吸引粉丝，让有的销售人员专门负责讲解保险业的相关知识，树立专家形象。这样做的目的是通过短视频吸引粉丝，通过直播讲解增加与粉丝之间的黏性。有保险咨询或购买需求的人会主动加销售人员的私人微信，销售人员便可对其进行一对一的成交转化。其中有一位年轻的销售人员因为在短视频中表现突出，十分讨喜，很多粉丝为了支持她而买保险，真的将"卖产品不如卖自己"这句话诠释得淋漓尽致。

案例分析： 通过短视频打造个人品牌、树立专家形象，保险销售人员不需要在朋友圈刷屏，有需求的人会主动咨询保险方案。新媒体营销为很多行业带来了更多的可能性。

第二章　拓客：开发大客户的 10 种方法

【本章作业】

1. 假如你在大学校门口开了一家奶茶店，请从拓客方式、面对人群、执行方法等角度撰写你的客户开发方案。
2. 假如你是某新能源汽车公司的销售总监，公司的新能源汽车即将进入你所在的城市，你该如何在本市快速开发客户？
3. 与三位朋友进行朋友圈互推，并记录效果。

【微营销小技巧2】"你扫我，还是我扫你"

"你扫我，还是我扫你"是我们在互加微信时常说的话。实际上，谁扫谁的二维码是有一些讲究的。

扫码的人发送添加好友的请求后，需要被扫码的人点击同意后才能添加为好友。如果被扫码的人当场没有来得及点击同意，事后也未点击同意，则添加好友失败。很多销售人员都会遇到这样的困难：客户因为赶时间而没有当场点击同意，事后也没有点击同意，最终未能成功添加微信。

因此，当你下次与客户互加微信时，可以主动亮出自己的微信二维码让客户扫码，这样就把"点击同意"的主动权掌握在自己的手里。只要你记得同意客户发来的加好友申请，就能成功地添加客户的微信。再结合上一章的"一步加微信"的小技巧，可以让我们添加客户的微信一步到位，万无一失。

你学会了吗？

第三章
邀约：提升见面的成功率

第三章 邀约：提升见面的成功率

学习目标：

1. 理解影响邀约成功率的要素；
2. 理解电话邀约与微信邀约的异同点；
3. 掌握电话邀约的方法和话术；
4. 掌握微信邀约的方法。

本章导读：

汤姆·霍普金斯曾说过："电话邀约成功，等于销售成功了一半。"要想成功邀约客户，必须给客户见你的充分理由。

微信营销："种草""长草""拔草"。

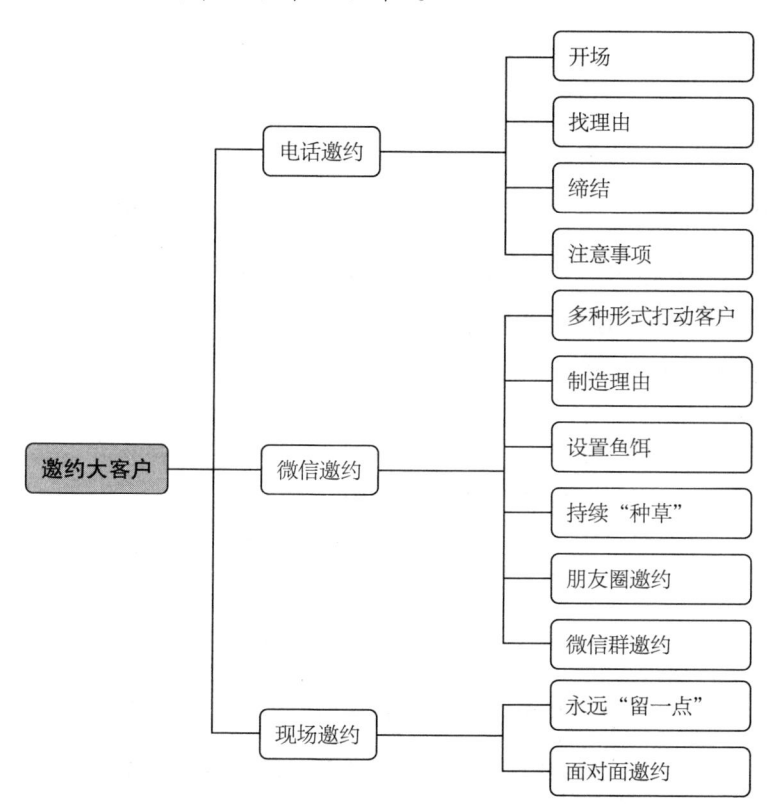

```
                               ┌── 开场
                   ┌── 电话邀约 ├── 找理由
                   │           ├── 缔结
                   │           └── 注意事项
                   │
                   │           ┌── 多种形式打动客户
                   │           ├── 制造理由
邀约大客户 ────────┼── 微信邀约 ├── 设置鱼饵
                   │           ├── 持续"种草"
                   │           ├── 朋友圈邀约
                   │           └── 微信群邀约
                   │
                   └── 现场邀约 ┌── 永远"留一点"
                               └── 面对面邀约
```

做大客户营销的高手都有这样的经验,即"能打电话谈的,就不用微信谈;能见面谈的,就不通过电话谈"。因为一旦见了面,就更容易随机应变,当场把客户拿下。

如何邀约客户见面呢?常用的有三种邀约方式:电话邀约、微信邀约、现场邀约。

一、电话邀约

汤姆·霍普金斯曾说过:"电话邀约成功,等于销售成功了一半。"原因很简单,客户愿意见你了,说明他对你的产品是有需求的,至少是感兴趣的。很多人电话邀约之所以会被拒绝,主要有三个原因:

第一个是开场话术有问题,80%的拒绝都出现在开场;

第二个是没有给出足够的见面理由;

第三个是没有运用促成话术。

电话邀约非常重要,因为见不到客户就无法成交。电话邀约的技巧在整个销售的流程中有着举足轻重的地位。

我们把电话邀约分为三个步骤:开场、找理由、缔结。

1. 开场

在电话邀约里,开场是最重要的环节。根据调研,大约有80%的电话邀约的失败都出现在开场。为此,熟练掌握开场技巧对于每一位成功的销售人员来说都是至关重要的。

这里介绍几个开场话术：

（1）寒暄法

无论你和客户是否认识，开场都应该营造出比较熟悉的感觉，让客户快速放松戒备，这也是"破冰"的一种方式。

情景模拟

"张总啊，好久没联系了，最近旅游生意怎么样啊？"

"王总啊，最近忙不忙？孩子快开学了吧？"

"喂，陈姐啊，是我，王总的朋友阿东啊，之前我们通过电话的……"

"是曹哥吗？还记得我是谁吗？上次你来过我们门店，是我接待你的，还记得吧？"

情景分析

寒暄是我们中国人刚见面时常用的开场技巧，销售人员一定要熟练掌握这项技能，以快速拉近与客户的距离。

（2）开门见"山"式

这里说的"山"指客户能得到的好处。比如有两个卖红薯的摊位，一个摊位老板在喊："卖红薯了！卖烤红薯！"另一个摊位老板在喊："卖又香又甜的烤红薯了！"请问你会选择去哪一个摊位购买红薯呢？根据调查统计，后者的生意明显更好。

开门见"山"指开场就把你可以带给客户的好处说出来，因为一般情况下大客户都不愿意在电话里与你浪费口舌，与其这样还不如直截了当地把客户见你的理由和好处告诉他。

情景模拟

"X总，您好！我是XX公司的销售员小张，我们的柴油和汽油的品质在全行业里是最有保障的，能够保证一年365天不断供，我想和您谈一下长期合作……"

"陈姐，您好！我是金鸡湖地区别墅楼盘的销售员小王。目前我们的楼盘就剩最后十几个稀缺户型可以选择了，而且都有独立的花园和停车场……"

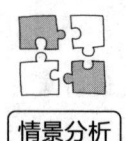

情景分析

一开场就快速地把你要销售的产品的好处告诉客户，一旦客户对你提供的产品的好处产生兴趣，就不会那么快地挂断电话了。

（3）紧缺法

紧缺=紧迫+稀缺。紧缺法非常管用的原因源于心理学上的技巧：得不到的永远是最好的。你需要把你的产品营造出一种紧迫感和稀缺性，这样的技巧比较适用于展销会和各种促销活动的营销场景。

情景模拟

"张姐，你怎么还没来啊？我都快替你着急死了，我们这次的优惠活动是近几年来力度最大的。我们同事的亲戚都来了很多，而且今天下午活动就要结束了，要是错过了今天，你一定会怪我的……"

"是陈总吗？我跟您讲，这次优惠活动是我们总监好不容易申请下来的，只给我们员工的亲戚和一些老客户优惠，我只拿到了3个名额，您明天一定得来，否则就要被其他人抢去了……"

情景分析 营造紧迫感和稀缺性是有经验的销售人员常用的技巧。一旦形成紧迫感和稀缺性，客户就会珍惜这次与你见面的机会，从而提高邀约成功率。

2. 找理由

几乎所有成功的营销都在塑造理由，比如"王老吉"的广告语"怕上火，喝王老吉"要传递的意思是：你为什么要喝王老吉？原因是怕上火。

再比如海飞丝，同类的洗发水有几十种，为什么要选择海飞丝呢？因为可以去头屑！

还记得农夫山泉的广告语吗？"农夫山泉有点甜！"农夫山泉的口感如此之好，所以要选择农夫山泉。后来农夫山泉的广告语改成了"我们不生产水，我们只是大自然的搬运工"。这又是一个强有力的理由塑造，因为喝农夫山泉的原因是它是纯天然的。

由此可见，**营销的核心就是找理由**。打邀约电话更是如此，要想成功邀约客户，**必须给客户一个甚至几个见面的充分理由**。客户不愿意见你，就是因为你的理由不够充分。而几乎所有的电话邀约都失败在理由塑造上。这里说的理由就是客户花时间见你，对他有哪些好处。注意是对客户的好处，而不是你的。

客户不愿意见你，其实并不是因为他忙。忙都是借口，忙都是相对的。客户所说的忙的真正含义其实是"**与你见面这件事没有我本来计划要做的事情重要**"或"**见你就是浪费时间，还不如在家歇着**"。所以，应对客户的"忙"最好的技巧就是大量地说出见面的好处有哪些。

所以，在打邀约电话之前你就应该考虑清楚两个关键问题：**客户见你对他有什么好处？客户不见你对他有什么坏处？**

好处应该从以下几个方面去考虑：

（1）产品方面的好处有哪些呢？也就是说，你的产品和竞争同行的产品相比有哪些优势呢？

这一部分是你在准备接待客户前就要仔细研究的，或许你的公司会帮你总结，如果没有，或者总结得不够彻底，你就必须自己去分析（可以通过SWOT分析法去梳理产品的优势、劣势、机会、危机）。

比如说，如果你销售的是软件，那么你要去分析软件本身的优势有哪些，且与竞争对手相比，你的优势有哪些，可以帮助客户节约多少成本，增加多少利润，以及如何增加。

再比如，你是装修公司的销售人员，你要分析你们公司的优势到底是建材方面的优势、设计方面的优势，还是服务方面的优势。如果都有，那么你要找到与其他企业的差异，或者最值得称道的优势。

（2）和你的公司合作可以给客户带来什么好处呢？

比如你可以说，你的公司历史悠久，信誉良好，在当地很有影响力。再比如，你可以说你的公司的售后服务非常出色，对客户有长期的服务保障。或者你也可以说，你的公司有很多资源可以与客户分享。这些都要学会去总结。

（3）你个人可以给客户带来哪些好处呢？

如果你是装修公司的销售人员，那么你是否曾经当过设计师？或施

第三章 邀约：提升见面的成功率

工员？如果你当过设计师，那么你可以为客户提供装修设计方面的免费建议，甚至帮助客户画草图，把客户想要实现的效果呈现出来。如果你当过施工员，那么你可以从房屋结构、施工过程等方面给客户最专业的解释，甚至在选材上提供更好的品牌建议，这些都是你的附加价值，要提前告知客户，凸显你与其他销售人员的不同。

还有一些成熟的销售人员，手头积累了很多各行各业的客户。他们可以尝试着去帮助客户解决业务上的问题，把自己的资源介绍给客户。

大嘴老师之前做销售的时候就非常注重自己的"桥梁"作用。大嘴老师会注意考虑与客户之间的业务关系，比如大嘴老师在做国际货运销售的时候，有一个客户是做服装贸易的，大嘴老师当时就给客户介绍了一个在吴江做坯布的厂家，让客户以更低的价格购买原材料。除此之外，因为客户需要大量的工人，大嘴老师还把自己的农村亲戚介绍给客户。当大嘴老师解决了客户的这些问题之后，客户反而主动来询问大嘴老师的需求，最后大嘴老师便和该客户顺利地达成了合作。

类似这样的案例还有很多。销售人员可以把自己的资源提供给客户，尤其是帮大客户解决难题。

（4）如果邀请客户参加活动，那么参加活动的好处有哪些呢？

比如你所在的一家房地产公司在做市场推广活动，你要电话邀约潜在的客户参加活动，那么你就要梳理客户来参加活动会有哪些好处。你还可以告诉客户，活动现场会提供游乐区，客户可以带孩子一起参加。这些都是参加活动的好处，你要总结出来告诉客户。

坏处应该从以下几个方面去考虑：

（1）如果不见你，客户会失去哪些机会呢？

比如说客户会失去最好的产品，最好的服务，失去你所在的企业的资源和助益等。例如，客户可能会失去一个只要很少投资，就能大幅度提升自己的企业业绩和降低成本的机会。

（2）如果不前来参加活动，客户会有哪些损失呢？

比如说你的公司为了吸引人气，举办的这次活动的优惠折扣非常大，甚至几乎要亏本，那么如果客户不来参加活动，就失去了以最低成本采购产品的机会。再比如，这次活动额外赠送的附加价值是有史以来最大的，如果客户错失了这次活动，以后就再也没有这样的机会了，等等。

注意，无论对好处还是坏处的总结，关键都是要从客户的角度出发：客户最需要什么？客户最缺什么？客户最担心什么？客户最害怕失去什么？如果只从你的产品和收益去总结利弊，就很难打动客户与你见面。

情景模拟 上门邀约

"明天我正好要去你们园区的一家企业送合同，可以顺便去你们公司拜访一下。这次我们大区经理也要和我一起去，正好请他和您谈一下合作的事，因为他的权限比我高。您看我们是明天上午见面还是下午呢？"

"您是知道的，我们的企业是世界五百强之一，合作的企业都是比较大型的制造型企业，有很多都需要你们企业生产的原材料。如果明天我们能见面的话，我可以给您介绍几个我自己的客户，或许你们很容易达成合作。无论咱们之间是否能合作，我都希望可以帮到您。您看我明天上午还是下午过来呢？"

第三章 邀约：提升见面的成功率

情景分析

抛出与客户见面的理由，让客户看到见面的好处就不容易拒绝你了。

情景模拟 活动邀约

"张姐，下周二是女神节，我们公司将举办一年中优惠力度最大的一次活动，除全场5折外，只要来店消费都会赠送价值75元的试用装，还有消费满100元可以砸金蛋的活动，最高奖品是价值8000多元的苹果电脑，还有洗衣机、彩电等。如果错过了，真的很可惜。您看明天您是自己来，还是带几个朋友一起来？我帮您预留小礼品。"

"是这样的，我们公司一直以来都走高品质路线，所以从来不打折，这次商场周年庆，由商场承担一部分让利的成本，才有明天的打折活动。如果错过了明天，以后再有这样的折扣就不一定是什么时候了……"

情景分析

很多企业都会组织类似的沙龙活动来邀约客户，如果你生拉硬拽，客户肯定不愿意来，但如果你换个方式，告诉客户前来参加活动的诸多好处，那么总有一个好处能够打动客户。

3. 缔结

销售过程中的每一个步骤都需要缔结，尤其是电话邀约。

在电话销售的过程中，有很多销售人员由于不够自信，或者说对自己的优势没有充分的了解，表现得很没有底气，经常犯一些低级错误。比如有些销售人员邀约客户见面，会对客户说："**可不可以**让我来拜访一下您呢？"这个问题听上去很礼貌，也很客气，但其实犯了严重的错误，我们称之为"**引导客户拒绝**"。

以下的几个例子都犯了同样的错误：

"**能不能**给我一次见您的机会呢？"

"**要不要**把资料给您送过去呢？"

"现在**方不方便**接电话呢？"

"**有没有**时间？"

"**忙不忙**？"

错误分析：

"可不可以"是在暗示客户回答"不可以"。

"能不能"是在暗示客户回答"不能"。

"要不要"是在暗示客户回答"不要"。

"方不方便"是在暗示客户回答"不方便"。

……

还有一个更典型的错误是说："对不起，打扰一下！"这句话听上去很礼貌，实际上是错上加错！你说"对不起"，而你又没犯错，为什么要向别人道歉呢？这样做不是在明摆着告诉别人你错了，你在影响别人吗？

另外，当你说"打扰"的时候，其实已经在暗示对方："我正在打扰你。"

所以，说类似"对不起，打扰一下"这样的话都属于"负催眠"，以后千万不要再这样说了。

那么该如何缔结呢？答案是用**选择式提问法**。

"选择式提问法"指的是给客户提出一个选择题，例如"选A还是B""选上午还是下午"。选择式提问法能够合理地规避"能不能""要不要"的问题，从而暗示客户需要见面，只不过要考虑选择什么时间、什么地点或什么见面方式而已。

那么，如何**使用选择式提问法进行邀约**呢？

情景模拟①

销售员："这样，我明天正好要去你们大楼里的企业做售后服务，顺便拜访一下您。您看我是明天上午来还是下午来呢？"

客户："我上午有个会，要不你下午来吧。"

销售员："好的，因为咱们的时间都很宝贵，所以提前跟您确定一下具体时间。您看明天下午一点还是两点见面比较合适呢？"

客户："那就两点吧。"

情景模拟②

销售员："我们这次活动只维持两天，您看您是周六过来还是周日呢？"

客户："我周六要陪儿子上课，要不就周日吧。"

销售员："好的。周日人会比较多，您是上午来还是下午来呢？"

客户："那就下午吧。"

销售员："下午几点呢？一点如何？"

客户："一点可能来不及，三点吧，怎么样？"

销售员："可以，那就周日下午三点我们梁溪路的旗舰店见。咱们不见不散！"

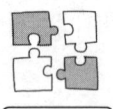

情景分析

这两个情景都跳过了要不要见的问题，当然也提前给了客户一个见面的理由。另外，还要记得把具体的时间敲定下来，这样才更有约束力。在敲定时间的时候也要找一个恰当的理由，比如"咱们的时间都很宝贵"等。

4. 注意事项

（1）与大客户邀约要慎之又慎，在邀约之前可以给客户先发一条微信或者短信，主要内容包含你的价值及可以给客户带来的好处。

（2）电话里不要多聊产品，因为你不知道客户需要什么。一旦客户觉得你的产品与他的需要不符，就会挂断电话。

（3）电话邀约成功后必须马上发一条确认信息，一方面是加深印象，另一方面是避免有误解。

（4）出发前必须再给客户打一个电话，防止客户临时有事外出而扑空。

（5）如果被拒绝了，要马上确认下一次见面的具体时间，千万不要说"那等您回来我们再约吧"，因为这个时候客户觉得已经和你约好了却又悔约，其实心里是有愧的，而如果这时你立即找一个理由把下次见面的时间确定下来，客户通常是会同意的。

（6）如果已经被彻底拒绝了，不要就此放弃，你还可以做以下事情：

① 试着加客户的微信；

② 几天后再打电话；

③ 换个客户继续打电话；

④ 有目标性地发慰问短信；

⑤ 同业或异业合作。

案例 "对着墙壁讲话"

在电视剧《安家》中有一个经典的销售桥段：房产销售员王子健每当被客户拒绝后，都会定期给客户发送微信，内容包含谈论天气变化、送上节日祝福、分享房地产政策信息等。王子健维护自己的所有客户的方式就像对着墙壁讲话。

有一天，王子健像往常一样给客户发微信、打电话，结果竟然接通了客户的电话。

王子健："翩翩姐？是你吗，翩翩姐？我终于联系上您了。我是小王，安家天下的小王，一年前带您看过房子，记得我吗？"

翩翩姐："原来是你啊，没想到你还记得我。"

王子健："当然记得您，我一直都想着您呢。"

翩翩姐："今天找我有什么事儿吗？"

王子健："之前咱们看房子不是都快签合同了，后来就联系不到您了，怎么打电话也打不通，我害怕出什么事情，就还挺担心的。"

翩翩姐："哦哦，是这样的，我第二天手机被偷了，然后临时有事就出国了，这不刚回来，手机号码也是今天早上才找回来的,这么巧你电话就进来了。"

王子健:"您说这个世界上哪有那么多巧合呢?实话跟您说吧,您不在的这段时间,我每个礼拜都给您打一个电话,长流水,没断过的,翩翩姐。"

翩翩姐:"没想到你是个这么长情的人啊,这么有恒心,我都被你感动了呢。"

王子健:"您既然回国了,那房子还是要买,对吧?"

翩翩姐:"买啊,你明天带我去看房吧。"

王子健最终就这样成功地邀约到了大客户。

二、微信邀约

如今是移动互联网时代,人们的沟通方式发生了较大的变化。过去我们想要认识一个人,第一件事情是获得对方的电话号码,我们常说的口头禅是"有空电话联系"。如今,我们想认识一个人或联络一个朋友,第一件事是加对方的微信,口头禅变成了"回头微信联系"。

过去销售人员拜访客户,一见面先发一张名片,名片上面印着公司名称、职位、电话号码等,很多人甚至会准备一个名片夹。如今很多人已经不用名片了,而会想方设法地加客户的微信,或者让客户订阅自己的微信公众号。

第三章　邀约：提升见面的成功率

微信已经成为一个更受大众欢迎的沟通工具。由最开始的熟人社交，演变为与同事、客户之间频繁使用的交流工具，早已没有了生活和工作的界限。

很多人说："微信越来越像当年的电话，人们无非是把打电话换成了发微信。"这句话说得很对，但不够全面。我们想想微信的功能就会发现，用微信与客户沟通，比打电话有更强大的力量。具体在于以下几个方面：

第一，通过微信发送的内容的形式更加丰富。打电话只能通过声音来传递信息，而发微信可以通过声音、文字、图片、视频、文件、表情包、链接等方式来传递信息，功能更强大，效果更显著。

举个例子，在电话里要想说清楚一个地址，需要让听者记下每个字，然后对方再搜索这个地址。但在微信里，直接发一个位置信息，点开链接便一目了然，还可以直接导航。类似的功能上的差距，就不一一列举了。

第二，在电话销售中，销售人员会遇到的一个大麻烦就是容易被挂电话。客户有时不是不感兴趣，而是真的在忙其他事情。而在微信上发送信息，客户可以等有空的时候再看，这大大地降低了被拒绝的概率。总之，发微信对客户的打扰性降低了，客户的容忍度提高了，客户还可以重复查看消息。

第三，微信缩短了购买流程。销售人员可以直接发送购物链接给客户，客户可以直接付款，这大大地缩短了购买流程。

第四，微信软件里还包含很多功能，如微信公众号、微信群、朋友圈、直播、企业微信等。再加上基于微信的各种软件和工具，使得通过微信做营销非常便利与高效。

只有真正地理解微信的功能，才能懂得如何做微信营销，而非推销。那么我们该如何做好微信邀约呢？下面介绍6个实用的方法。

1. 多种形式打动客户

使用微信邀约客户，要充分地利用微信的功能。通过微信来传递信息的方式有文字、图片、语音、视频、动画、文章链接、直播等，我们要懂得采用多种形式打动客户。

相对而言，文字是比较冰冷的；图片能够增加视觉冲击；语音能够带来听觉上的冲击；视频则融合了视觉冲击与听觉冲击，人们更容易在视频的剧情推动与音乐的渲染下沉浸其中，达到共鸣；直播还有实时互动的效果。

用文字或图片群发的广告早已过时，成为大家内心当中不太喜欢的一种广告形式。如果能够使用一些有价值的文章、有意思的视频进行推广，则更容易打动客户。

案例　每天一个理财知识

2020年3月，傅一声老师对一家银行进行了新媒体营销的培训辅导。培训结束后，一位客户经理开始练习拍摄短视频，给客户讲解理财知识。他写了100个视频脚本，把大家常见的理财问题、困惑和市面上的各种套路都总结出来，每天给客户分享一个关于理财知识的短视频。因为这些短视频包含非常实用的理财知识，又不包含广告消息，客户没有压力，就天天看着，看久了以后就产生了黏性，觉得这位客户经理挺专业的，便认可了他的"资产增值专家"的身份。

第三章 邀约：提升见面的成功率

不知不觉，客户的思维也会被影响，越来越多的人开始主动找他咨询理财业务，并被邀约到门店洽谈。

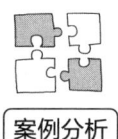

案例分析 这个案例把常见的刷屏广告换成他人感兴趣的短视频，把客户经常问的理财疑问包装成人人都应该学的理财常识，把销售员的身份通过不断的价值输出，变成他人眼里的理财专家。直接发一个广告，叫硬广；如果我们能够谈论客户感兴趣的话题，不知不觉地植入产品信息，这叫软广；通过各种方法影响他人，从而获取他人的认可与信任，这叫塑造个人品牌。为什么如今很多人都在谈论"打造个人品牌"呢？因为拥有个人品牌的人，更容易销售成功。

---

2. 制造理由

在微信社交中，什么行为最令人讨厌？根据调查，排名第一的是"几年不联系，一开口就借钱"，排名第二的是"问一句在不在，然后就不说话了"。

很多销售人员就常犯后面这个错误，问一句客户"在吗"，然后就不知道说什么了。销售人员在微信里与客户聊天时特别期待对方的回应，但如果对方不回应，就不知道怎么往下接话了，非常尴尬。

在进行微信邀约时，要想办法给对方一个理由，没有理由也可以制造理由，从而让自己与客户有话可说。

我们曾经辅导过一家青少年高尔夫培训机构。该机构的销售人员通过地推积累了周边大量的精准客户，想通过微信邀约他们到门店来体验。可是销售人员不知道该如何邀约客户,于是我们为销售人员设计了一个邀约理由:"本机构每周六上午9点至下午两点是青少年公益体验日的活动时间,家长可以带孩子前来免费体验高尔夫,且当天报名的学员还将额外获赠两节私教课。"这就相当于给客户一个理由,让客户选择这个时间段来参加活动,还能享受额外的优惠。销售人员通过这个理由,怀着做公益、送福利的心态与客户聊天,邀约的成功率提升了5倍。

3. 设置鱼饵

邀约客户好比钓鱼,鱼儿不会自动咬钩,我们可以通过设置对客户有吸引力的"鱼饵",慢慢让客户"上钩"。

微信里可以发送文章链接、视频、网盘文件链接等资料,这就提醒我们可以制作一些对客户有价值的电子资料、虚拟产品等,通过微信发给他们,做到"先付出,先利他"。

例如,2020年春节后,很多企业想尝试线上直播但又没有相关经验,于是傅一声老师就制作了一份非常详细的直播手册,包含各大直播平台的操作流程、直播设备的选择、网络优化方法、直播流程等,全是高价值的干货。傅一声老师把这个电子手册送给可能有需要的企业和机构,还定期开展公益直播,亲自讲解如何做直播。

4. 持续"种草"

我们不断地免费为他人服务实际上是在"种草"。什么是"种草"呢?"种草"是一个网络流行词,指分享和推荐某一产品(服务)的优秀品质,以激发他人的购买欲望。当你在客户心中种下了"草种

第三章 邀约：提升见面的成功率

子"，那么就可以等着"长草"了。"草"字通常可以理解为对某个产品（服务）的强烈占有欲，"长草"指该占有欲的蓬勃生长。最后还需要"拔草"，"拔草"的意思就是把这种心痒痒的感觉和占有欲"拔"掉，也就是购买该产品（服务）。

如上文所说，傅一声老师给很多企业和机构赠送直播手册，以解决他们想做直播却无从下手的困难。当他们逐渐了解并决心做直播以后，自然会想到编写这些知识的傅一声老师就是该领域的专家，正好请他来做培训和指导。这个方式最终给傅一声老师带来了好几家世界500强的大客户。

5. 朋友圈邀约

在朋友圈刷屏是大家不太喜欢的营销方式，聪明的销售人员早就不用了。那么在朋友圈邀约应该怎么做呢？

常见的朋友圈邀约有两种方式：

一种方式是销售人员在自己的朋友圈里发布邀约信息，例如："今晚八点，×××举行产品说明会，将对产品进行全面的展示和说明。现场设置了三轮抽奖环节，总共3万元的大礼等你来拿。想参加的朋友请回复数字1。"当销售人员看到有客户在朋友圈回复"1"后，可以立即与客户进行一对一的私聊，并发送详细的活动信息。

另一种方式是在别人的朋友圈下方进行评论，根据客户所聊的话题，巧妙地进行邀约。我们曾经辅导的一家工业品公司的总经理就是这方面的高手，他特别擅长在他人朋友圈下方留言，聊着聊着，话锋一转，便邀约对方来门店喝茶。如果客户在评论区持续互动，还可以立马通过一对一的微信私聊来邀约见面。

6. 微信群邀约

如果客户的防备心比较重，一对一聊天的效率比价低，那么还有一个更高效的方式，就是通过微信群来邀约。

在微信群里，我们可以一对多地进行沟通。我们可以发起一个话题，带动大家参与讨论，顺势提出邀约。响应邀约的人越多，同意邀约的人就会越多，因为人们都有从众心理。

我们可以在微信群里采用报名接龙的方式，让群里的成员看到已经有人接受了邀约，那么内心的防备就会有所下降，更容易接受邀约。

常见的邀约接龙格式有：

#接龙：

马上就到年底了，为了答谢朋友们的支持，我公司的用户大会开放30个名额邀请新老客户参加，现场有行业深度论坛、大型文艺晚会，还有价值30万元的抽奖礼包等你来拿，确定届时前来光临的朋友请接龙：

1.
2.
3.
4.
5.
……

三、现场邀约

除了通过电话、微信等工具进行邀约，销售人员还会现场邀约与客户再次见面。那么如何现场邀约客户再次见面呢？这里分享两个要点：

1. 永远"留一点"

每一次见面都留下一个下回再次见面的理由，能够大大提高再次邀约的成功率。例如，装修行业有一个不成文的规定，那就是只要客户没签合同，客户是无法带走设计图纸的，拍照也不行。这么做一方面是为了防止客户拿走设计图纸转身请别的装修公司装修，导致设计师的成果被窃取；另一方面，客户无法完全记清设计图纸的全部内容，一旦想调整或再看看设计方案，就必须来门店查看设计图纸，或者请设计师到装修现场进行讲解，这样的见面更有可能促成客户签单。

2. 面对面邀约

在人多的场合，如果你觉得某人是你的潜在客户，想邀约再次见面，就必须想办法在现场邀约客户。

一次邀约一个人比较合适，且说话的语气和话题都很重要。最好不要马上谈论自己公司的产品，而可以从对方的外表、年龄、举止等方面大致判断客户的兴趣与喜好，在沟通中进一步获取客户的信息，多聊客户喜欢的话题，从而找到一个合适的理由邀约下次继续见面，并且尊重客户的选择，让客户确定见面的时间和地点。

【本章作业】

1. 假如你是某银行的客户经理，银行将在两天后举办一场针对"家庭理财"的公益讲座，请你设计一套电话邀约的话术。
2. 为宣传国家反诈中心App，社区即将举办一场关于反诈骗的宣传活动，请你设计一套微信邀约的方法。
3. 思考：假如你有1万个微信好友，你会如何运营？

【微营销小技巧3】推荐微信名片背后的学问

假如你的老客户要在微信上给你介绍一位新客户，你会选择跟老客户索要新客户的微信名片，还是会请老客户把你的微信名片推送给新客户呢？

很多人觉得两者都可以，但其实这背后大有学问。

如果老客户把新客户的微信名片推送给你，就需要你去加新客户的微信，然后向新客户推荐产品。这样做看上去十分被动，也会影响后面的交流。

如果老客户把你的微信名片推送给新客户，新客户会主动加你的微信，并向你咨询产品信息，他们的态度通常也会更客气一些，有利于后面的交流。

请仔细体会这两种方式的微妙关系，销售人员所处的地位是完全不一样的。

第三章 邀约：提升见面的成功率

因此，当老客户为你推荐新客户时，请建议老客户使用推荐微信名片的方式，具体需要告诉老客户的操作方式为：点开需要推荐的人的微信主页——点击右上角的"…"——点击"把他推荐给朋友"——选择朋友发送。

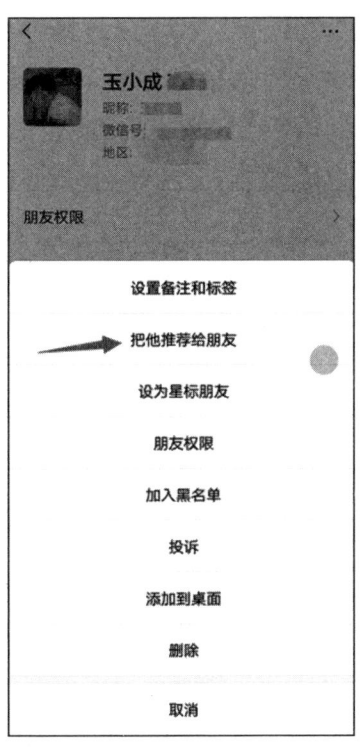

第四章
破冰：获取客户信任

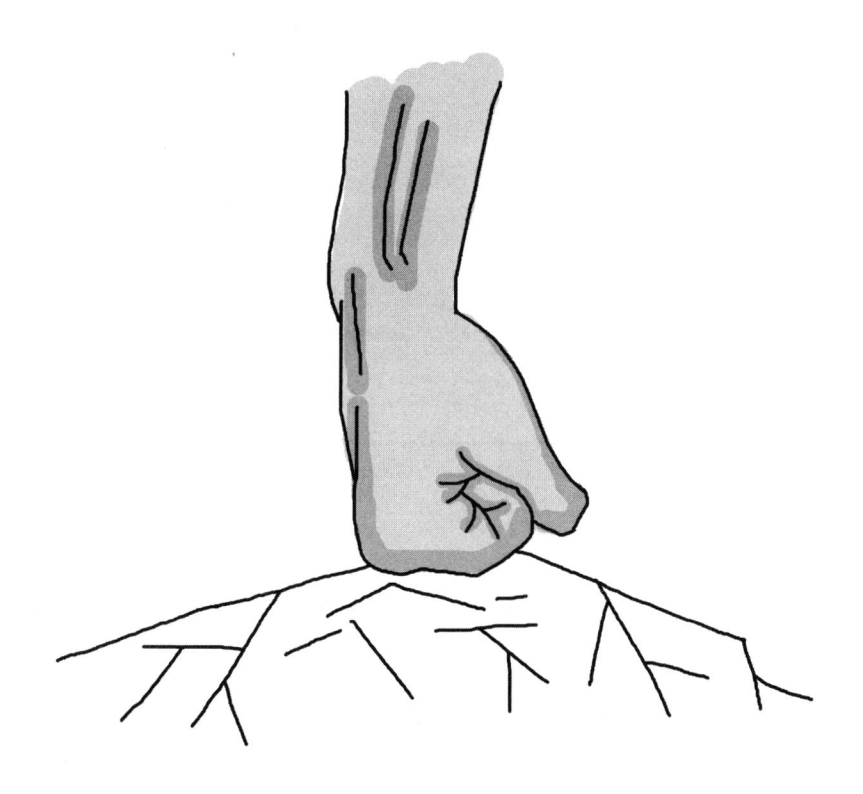

第四章 破冰：获取客户信任

本章导读：

大客户成交有四大关键因素，第一是需求，第二是购买力，第三是决策，第四是信任。其中，获取客户信任尤其重要。

没有破冰，就没有信任；没有信任，就不能讲产品。

与客户聊天时间越久，最后签单的可能性就越大。

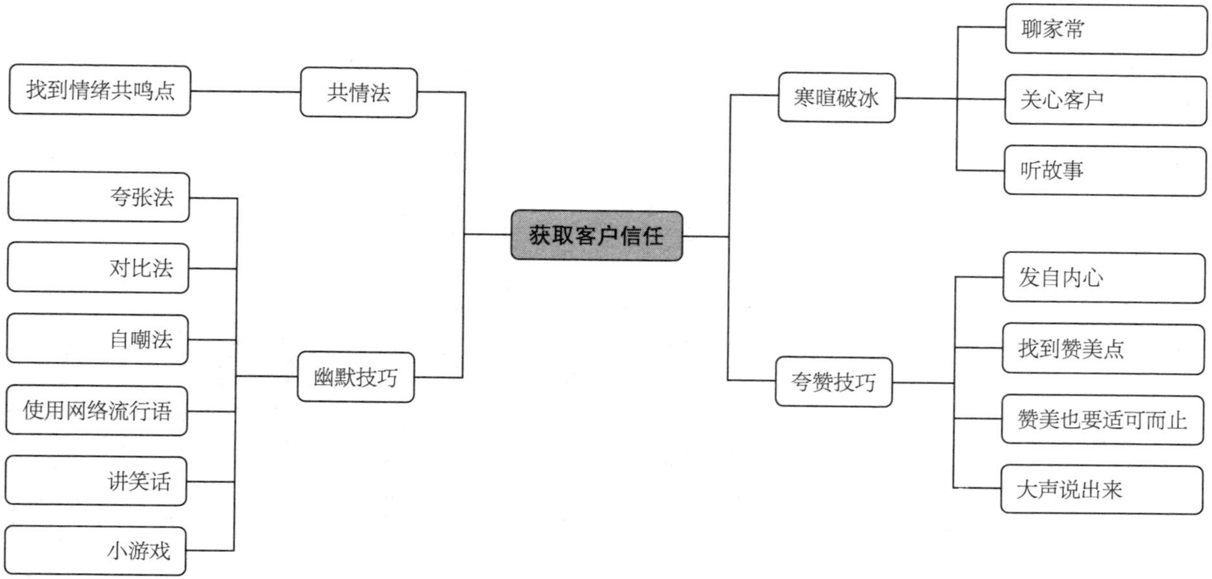

学习目标：

1. 理解大客户成交的四大关键因素；
2. 掌握寒暄破冰的方法；
3. 掌握夸赞的原理与方法；
4. 理解幽默技巧；
5. 掌握共情法。

```
获取客户信任
├── 寒暄破冰
│   ├── 聊家常
│   ├── 关心客户
│   └── 听故事
├── 夸赞技巧
│   ├── 发自内心
│   ├── 找到赞美点
│   ├── 赞美也要适可而止
│   └── 大声说出来
├── 共情法
│   └── 找到情绪共鸣点
└── 幽默技巧
    ├── 夸张法
    ├── 对比法
    ├── 自嘲法
    ├── 使用网络流行语
    ├── 讲笑话
    └── 小游戏
```

083

要想知道如何提高大客户成交率，我们需要了解成交背后有哪些关键因素。**大客户成交主要有四大关键因素——需求、购买力、决策和信任。**

第一，需求。指的是客户是否对你的产品或服务有最直接的需求，这是促成购买的核心要素。

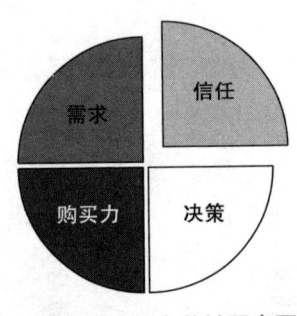

大客户成交四大关键因素图

第二，购买力。指的是客户有没有购买的经济实力。如果你的产品或服务是高端的，而客户只有能力购买平价的产品或服务，就不会形成最终的销售。

第三，决策。我们面对的大客户通常不止一个。对于一个大企业，你可能要面对很多人，如采购员、采购经理、采购总监、技术部负责人、生产部负责人、财务部负责人，等等。对于小一些的企业，你可能会直接面对企业老板。在这些角色中，你要准确地判断出谁有决策权，也就是说，谁是所谓的"拍板人"。在做大客户营销时，要时刻判断谁是拍板人，谁有决策权，要多与决策人交流和沟通，获取他的认可和信任。

第四，**信任**。信任的重要性超过前面三个因素的总和。

为什么信任这么重要？比如说，你的公司需要采购一批电脑，在你面前有两家公司的产品介绍和报价，在功能差不多的情况下，你通常会采购较便宜的。

但如果价格也差不多呢？你会从你更熟悉一些的销售员那里采购。因为你对他们的产品更放心，认为他们的售后服务也更有保障。所以，

第四章 破冰：获取客户信任

信任的重要性要大于前面三个因素之和。在满足了有需求、有购买力，又能做决策这些条件后，你最终会选择你更信任的人。

做销售，首先要思考的就是如何让大客户更加信任你。

一、寒暄破冰

所谓的"破冰"就是指破除客户身上的"坚冰"，也就是解除客户的防备心理。通常在一开始接触客户的时候，客户因为不了解我们，不会马上信任我们，都会带有一些怀疑和戒备。如果你还没有破冰就直接推销产品，往往会被客户拒绝，或者客户不愿意说出真实的抗拒理由，这样很不利于成交。因此，破冰是与大客户沟通的关键环节。

寒暄是一种礼节，用寒暄来破冰是有一定方法和策略的，通常包括以下几种：

1. 聊家常

聊家常比较适于应对女性客户。女性比较喜欢聊家常，比如聊子女教育、妯娌关系、邻里关系、夫妻关系、同事关系，等等。她们喜欢什么话题，销售人员就可以与她们聊什么话题。

当然，聊家常还要注意不要聊太多自己的事。就算要聊自己的事，也要赶紧把焦点拉回到客户身上，因为谁都喜欢聊关于自己的事。

案例 看手机

有一次，大嘴老师为一家女性保健品企业做辅导，在门店现场陪同工作人员接待一对夫妻。店长在接待女客户，一位店员在接待男客户。很明显，这个家庭中有决策权的是那位男客户。店员在与男客户套近乎地聊天，正好聊到男客户平时爱跑步这一话题，店员很兴奋地说她也喜欢跑步，就开始讲自己几点起床、在哪里跑步等。一开始男客户还有点兴趣，慢慢地就失去了兴趣开始看手机。大嘴老师见情况不妙，就接过话，问男客户："你的工作应该很忙，平时怎么会有时间跑步呢？"男客户立刻接了话头，告诉大嘴老师他会挤时间，平时在办公室里都放着跑鞋。听到这里，店员又接过了话头，她说自己也会在店里放一双跑鞋，平时会怎么跑步之类的话题便又继续说了起来。男客户此时又开始看起了手机。好不容易等店员讲完，大嘴老师又开始询问男客户是怎么保持身材的，男客户又开始抬头聊起来……

案例分析

当我们拿到一张合照时，通常都会第一时间去找自己，因为我们最关心的就是自己。聊天也是如此。作为销售人员，让客户高兴，让客户放松才是我们首要的聊天目的，而不是表现自己。

2. 关心客户

我们要经常关注客户的情况，比如客户是否感冒了、事业是否遇到了瓶颈、爱情或婚姻是否遇到了障碍、人生是否遇到了挫折等，要真心地关心客户，以期获得客户的认同。

在电视剧《安家》中，孙俪饰演的女主角房似锦和罗晋饰演的男主角徐文昌都是关心客户的高手。他们不仅卖房子，还会从客户的家庭、事业等角度给客户选择最合适的房子，努力给客户最好的解决方案。其中有一集，为了拯救客户家里"学习成绩不好"的孩子，他们主动为客户挑选学校，帮忙申请入学名额，再卖给客户学区房。因为他们总能从客户的角度出发，真心地关心客户，真诚待人，所以回头客和转介绍的客户非常多。

3. 听故事

和大客户聊天有一个诀窍，那就是好好"听故事"。听什么故事呢？

（1）听客户的发家史、创业史

一般来说，事业成功的客户都有一个或几个失败和成功的故事，而他们往往喜欢向别人倾诉自己的这份事业如何来之不易。

接下来，将为你分享一个大嘴老师自己曾经遇到的真实案例。

案例：从泥瓦匠到装修业巨头

2011年，大嘴老师经朋友介绍预约了一位装修企业的负责人杨总见面。杨总说自己非常忙，只能聊20分钟。

去之前，大嘴老师查阅了大量资料，找到一本封面人物就是杨总的杂志，认真地阅读了杂志中的专访，细致地了解了杨总的创业史。

与杨总见面后，大嘴老师问了一个问题："我对您仰慕已久，早就听说过您的创业史，一直想当面请教。请问您是如何从一名普通的泥瓦匠变成装修业巨头的呢？"杨总一听，当即就来了兴致，开始讲起自己十多年前从农村来到城市打工，从一名泥瓦匠一步一步变成今天的装修业巨头的故事。这一聊，从上午十点一直聊到下午四点半。

回去之后，大嘴老师根据杨总的需求做了一份企业培训辅导计划书，第三天就跟杨总签了全年的培训和落地辅导合同。

案例分析

杨总只给了大嘴老师20分钟，为什么他们能聊如此之久，并且迅速地把合同签了呢？原因就是大嘴老师对杨总进行了前期了解，掌握了他的创业史，所以开口就问杨总是如何从一名普通的泥瓦匠变成装修业巨头的。这么一问，杨总的兴致立刻就来了，讲起了自己的故事，而且讲了一整天，两人因此还成了朋友。

第四章　破冰：获取客户信任

资深的销售人员都明白一个道理，那就是**与客户聊天时间越久，最后签单的可能性就越大**。如果你去拜访一位客户，聊了不到半小时就结束了，最后客户可能会对你说一句场面话："这样吧，你把资料留下来，我们有需求的话会跟你联系的。"等你离开之后，说不定客户就随手把你的宣传资料扔进了垃圾桶。

所以，在见客户之前，无论客户是个人还是企业，我们都要对他们的信息进行搜集，提前了解客户，这样与客户聊天才能有的放矢，快速获取客户的信任。

很多时候，我们做大客户营销不会一下子就签单。有些项目比较大，不是一次两次谈话就能解决问题的，而需要多次接触。而且客户也不会只与你一个销售人员洽谈，他们会从中进行选择，所以在沟通的过程中，你要做个有心人，不断捕捉和积累客户的信息，尤其是当你遇到一些比较难攻的客户时，更需要深挖客户的需求。

（2）听生活故事

对于男性客户，我们以听发家史、创业史为主。对于女性客户，尤其是一些家庭观念比较重的女性，我们可以更多地去关注她们的生活。女性都喜欢聊家常，因此子女教育、婆媳关系、妯娌关系、夫妻关系等话题都非常受她们欢迎，我们只要认真听就好了。

凡是客户有子女的，聊起孩子来都非常兴奋，不是吐槽孩子调皮捣蛋，就是夸耀孩子多么优秀。

只要跟客户聊起孩子，往往时间就会过得非常快。

案例：出租车司机的女儿

有一次我们给一家女性化妆品销售企业做辅导，当时来了一位女出租车司机。一开始聊天她都是爱理不理的，一副戒心很重的样子。

后来当我们跟她聊起她女儿的时候，她就开始兴奋了，拿出手机给我们看她女儿刚刚参加钢琴表演的照片和视频，还不断给我们看她女儿在学校获得的各种奖项。

聊了半天后，她就主动开始向我们询问产品活动了，最后临走时还购买了5000多元的产品。

案例分析

父母最宝贝的无疑是他们的孩子。大嘴老师与人说起自己的儿子时，也会滔滔不绝。如果对方表现出浓厚的兴趣，大嘴老师则会更加兴奋地去展示孩子的一切。所以换位思考，客户同样也是人，也有家庭和孩子，作为销售人员的我们，应该更多地去认可、欣赏、聆听他们想表达的一切。

除孩子外，如果对方是女性客户，还可以聊生活，比如聊她的丈夫和她的公公婆婆，家长里短都可以聊。你可能会认为，人家跟你又不熟，怎么可能把这些家中的私事跟你说呢？那我告诉你，正是因为你们不熟，她才更愿意告诉你。不熟意味着你们之间没有什么人际交集，跟你说的话不会传到她身边朋友和亲人的耳朵里去，所以她更容易跟你吐露心声。关键是作为聆听者的我们，是否能表现出更好的聆听态度，以获得对方的信任。

第四章　破冰：获取客户信任

二、夸赞技巧

夸赞技巧是销售高手必须掌握的，无论用来破冰还是用来缓和交谈氛围、获取客户好感，都是非常实用的方法，尤其在与不是很熟悉的客户交流时更需要使用。

案例　财神鱼

有一次，大嘴老师去拜访一位大客户。大嘴老师一走进那宽敞豪气的办公室，就看到一个巨大的鱼缸，大约有五六米长，里面养着一大群红色的鱼。大嘴老师随即大声惊叹道："哇！好大的鱼缸！好多鱼！这是什么鱼啊？这么漂亮！"

这时，坐在大办公桌后面的老总笑眯眯地从老板椅上站起来，挺着个大肚子走到鱼缸旁边道："这叫'财神鱼'，学名'血鹦鹉'。我这些财神鱼可不是普通的鱼，是从原产地菲律宾空运过来的。养这些鱼可花了我不少心思呢！"说罢，从下面的柜子里拿出鱼食喂鱼。

这次拜访持续两个多小时，其中光谈财神鱼就占了一个多小时，而培训业务只谈了半个多小时就成交了。

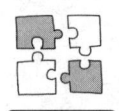

案例分析 客户放在自己办公室里的摆设、宠物、字画、荣誉等，通常都是客户比较喜欢或者重视的，也是希望被人夸赞和认可的。我们作为销售人员登门拜访时，必须把这些放在眼里，并且加以大大的夸赞，这样客户才能对你产生好感，并立刻拉近双方的距离。

心理学泰斗弗洛伊德曾说过，**每个人都有渴求别人赞扬的心理期望，人一旦被肯定其价值，总是喜不自胜**。同样，大客户也是人，而且是一批事业成功的人，渴望被认可和夸赞。

故事 一百顶高帽 清代学者俞樾在《一笑》中记载了一个关于"一百顶高帽"的笑话。

故事大意是，有一个人准备去外省做官，走之前和他的老师告别。老师说："外省的官不好做，你应该谨慎从事。"那人说："我准备了一百顶高帽，碰到人就送一顶，应当不至于有矛盾而不快。"老师很生气，说："我们应以忠直之道对待别人，为什么一定要这样做呢？"那人说："天下像老师这样不喜欢戴高帽的人，能有几个啊？"老师点头说："你的话也不是没有见识。"

那人出来后，告诉别人说："我有一百顶高帽，现在只剩下九十九顶了。"也就是说，谁都喜欢被人"戴高帽"（夸赞），连他的老师也不例外。

由此可见，夸赞也要注意方法。具体需要注意以下几点：

1. 发自内心

这一点不必多说，无论你多么违心，都要让对方感觉到你很真诚。如果你做不到，那就还是选择发自内心的真诚吧。

2. 找到赞美点

有细节的夸赞显得更真实、更真诚，在夸赞时需带上具体的赞美点。每个人身上都有很多闪光点值得夸赞，包括长相、穿着、荣誉、成就等。但夸赞又不能过多，只有抓住某一两个最值得赞美的点去夸，才能让客户感觉愉悦。而最关键的是，这一两个赞美点是**客户自己也认为的优点**。那么如何才能抓住客户也认为的，或者说客户希望你发现的优点呢？

（1）换位思考

站在对方的立场去思考，即如果你是他，你希望别人怎么夸你呢？如果你是一位成功的女性企业家，你会希望别人夸的是你的成就，以及你比男性付出得更多。如果你的孩子很懂礼貌，你会希望别人夸的是你教子有方。

（2）善于观察

对于年轻的女性客户，你可以观察她的打扮有没有特别之处，尤其可以关注她刚换的发型、新买的衣服和提包等。因为只有喜欢，她才会花钱去买，所以千万不要用批判的眼光去挑刺儿，而要用欣赏的眼光去夸赞。

（3）把夸赞变成习惯

没有一个人生来就会夸人，只有把夸赞当成自己的习惯，多夸、多说才能练就一眼看出别人的哪些地方最值得夸赞的本领。

（4）赞美行为比赞美外表更有效

我们面对的大客户通常都是企业家或高管。企业家也好，高管也好，他们的成就通常都是通过奋斗得来的。他们奋斗一方面是为了谋收益，另一方面也是要向社会证明自己的价值，需要被人认可。

所以在与新客户交谈时，更要关注他们突出的行为。比如某个客户的企业如何出色，管理的团队多么优秀，获得的成就多么可观等。如果你能发现这些并大加赞赏，你的客户也一定会认可你。

在上文那个"一百顶高帽"的故事中，学生也是掌握了老师的心理，夸赞了老师不愿意听奉承话的优点。

当然，无论男女，只要对方非常注重自己的穿着打扮，那么夸夸对方的外表，总是能让他或她开心一下的。

3. 三段式夸赞

三段式夸赞法属于比较高级的赞美技巧，能让人感觉不到被恭维，但内心却是欢喜的。

三段式夸赞顾名思义分为三个步骤：

第一步：挖掘优点；

第二步：放低自我；

第三步：真诚请教。

举例：

"您家孩子真懂规矩，成绩还那么好！"（挖掘优点）

"我家孩子和您家的一般大,在班里调皮捣蛋第一名,成绩却一塌糊涂。"(放低自我)

"您是怎么教育孩子的呢?有什么技巧可以传授一下吗?"(真诚请教)

4. 赞美也要适可而止

虽然赞美是个非常好的沟通技能,但赞美过多,或者过于夸张、夸大,就会让客户心生警觉,甚至产生反感,那就适得其反了。

案例 从头夸到脚

有一次,我们去一家医院辅导一位医药销售人员,据说这位销售人员领略了夸赞技巧的"精髓"。

去的时候刚好看到她在走廊里与一位医生攀谈。那个医生是位中年女士,烫了一个很时髦的发型。只见销售员开始夸赞医生,并且从头一直夸到脚。那位医生一开始还很高兴,慢慢地便开始不耐烦了。医生穿的那双鞋明明已经很破旧了,边上的皮都蹭没了,所以肯定不希望被人关注。结果销售员非常"可爱",竟然一直夸医生的鞋多么好看,关键是旁边还有好几个随行的护士在那里掩住嘴巴偷乐,医生真是尴尬万分。

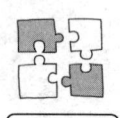

> **案例分析** 赞美虽好，但也不能过多或过于夸张，因为过犹不及。首先，过度赞美会让对方感觉你不是真心的；其次，过度赞美会让对方觉得你一定另有所图，而开始提防你。

5. 大声说出来

这一点比前面的五点加起来还要重要十倍。大家都知道赞美是个好习惯，但有很多人因为不好意思而不肯说出口，还有很多人因为找不到更好的说辞就干脆不说了，更有甚者觉得赞美就是拍马屁，就是阿谀奉承，而对此表示不屑。但殊不知，赞美是在夸赞对方的优点，你在帮助对方树立自信心，这是最好的礼物。关键是，如果你昨天不夸，今天不夸，明天还不夸，那么你就永远学不会夸人。

所以，无论如何，你都要从开口开始，不管夸得是否恰当，是否精彩，要先说出口。今天夸，明天夸，后天再夸，久而久之你就会慢慢掌握方法，学会如何更精准地夸人了。

三、幽默技巧

幽默是高情商的一种表现，也是销售高手必须具备的特质之一。

近些年来票房大卖的口碑电影，除好莱坞大片外，就当属喜剧类影片了，因为喜剧能让观众开心和放松。

做销售也是如此，客户都喜欢能让他们开心的销售人员，谁都不愿意与"冷面王"做生意，除非价格实在太诱惑。

以下是几个能让自己变得很幽默的方法。

1. 夸张法

夸张法分为语言夸张、动作夸张、表情夸张三种。

（1）语言夸张

很多相声演员经常用这个技巧，比如侯宝林说相声："医生拉开肚皮一瞧，好嘛，剪子忘里面了！"再比如姜昆说："好家伙，那月饼硬得一摔，马路可以砸出俩大坑。"这都是语言夸张。

还有一种语言夸张是语音与语调夸张，比如蔡明说："为什么呢？"

（2）动作夸张

很多演员都有代表性的肢体动作，比如小沈阳略带娘娘腔的兰花指动作，费玉清经典的"抬头看灯"动作，都是有代表性的夸张动作。销售人员也可以模仿这些夸张动作来活跃气氛。

（3）表情夸张

表情夸张较有代表性的就属喜剧演员小岳岳的表情了，比如把手塞进嘴巴里，两眼大睁并说"我的天啊"，还有很有喜感的笑等。而运用这些夸张的表情就要锻炼你的表演功底了，比如听到客户说一个笑话或一件有意思的事，你就可以运用夸张的表情来配合客户，从而把氛围活跃起来。

2. 对比法

通过对比可以揭示事物的不一致性，使用对比句是让自己变得幽默的极好方法。

3. 自嘲法

作为销售高手，为了逗客户开心可以自嘲一下。比如你在客户面前犯了个小错误，可以说："唉，看来我这个人什么都不缺，就缺心眼。"

4. 使用网络流行语

与年轻的客户交谈时可以适当地加入一些当下网络流行的幽默语言，以增加幽默感，拉近与年轻客户的距离。

5. 讲笑话

讲笑话的能力是销售人员必须具备的能力。如果现在让你讲笑话，你至少马上说出来三个笑话才算合格。不管在任何场合，甚至在谈判桌上，讲个笑话有助于调节气氛，让大家都放松下来。

讲笑话也是需要技巧的，首先是自己不能笑，其次是要讲得绘声绘色，最后是要懂得"甩包袱"，也就是把笑点留到最后。

销售人员可以平时多积累好的笑话并记熟，需要时脱口而出。

6. 小游戏

在与客户聚会或聊天时，如果你能带动大家一起玩几个小游戏来活跃气氛的话，你一定是个非常受欢迎的销售人员。

总之，虽然幽默不是天生的，但只要努力，在工作和生活中多说多练，日积月累，你就一定能成为幽默高手。

四、共情法

共情是由人本主义创始人罗杰斯提出的，指体验别人内心世界的能力。心理咨询师经常用共情法来帮助求助者改善心理健康状况。如今，很多人都在学习使用共情法，并将其运用到工作和生活的方方面面。共情法在心理学上的运用包含以下三个方面：

（1）咨询师借助于求助者的言行，深入对方内心去体验他的情感、思维；

（2）咨询师借助于知识和经验，探究求助者的体验与他的经历和人格之间的联系，更好地理解问题的实质；

（3）咨询师运用咨询技巧，把自己的情绪传达给对方，以影响对方并取得反馈。

共情法在销售中的运用为：**把客户当下的感受通过销售人员的语言表述出来，与客户产生共鸣，快速拉近客户与销售人员之间的心理距离，也称为"情绪共鸣"。**

在与客户沟通的时候，如果我们希望双方的交流更默契，谈话氛围更愉悦，我们就需要与客户产生共情。

情景模拟

"张总,你们企业有这么多年轻的员工,管理起来肯定不太容易吧?"

"李姐,您每天的工作这么忙,又得自己带孩子,真是不容易啊!"

"现在的人力成本这么高,您还能雇这么多员工,是怎么做到的呢?"

情景分析

以上几句话是销售人员通过随时观察客户的心理动态,抓住客户当下的心理活动和情绪感受而适时地说出来,以获取客户好感的几个话术。

【本章作业】

1. "21天赞美挑战":每天对身边的人至少赞美三次,坚持21天完成挑战。
2. 搜集10个笑话。
3. 观看电视剧《安家》,总结剧中用到的获取客户信任的方法。
4. 观看电视剧《康熙王朝》,总结剧中用到的获取信任的方法。

第四章 破冰：获取客户信任

【微营销小技巧4】微信分身

微信好友人数是有上限的，上限是5000人。如今这个上限有所放开，但是超过5000以后的好友只有聊天的功能，自己不能看好友的朋友圈。很多人都至少有两个微信号，比如一个工作号，一个私人生活号，为了这两个号，每天得带两个手机，非常不方便。而如果用一个手机切换不同的微信号，不仅操作烦琐，还容易遗漏重要消息。

如何解决这个难题呢？其实，很多新款的安卓手机都有一个新功能——应用分身。以"华为Mate 30 Pro"为例，该手机可以同时登录两个微信，具体操作步骤为：点击"设置"——点击"应用"——点击"应用分身"，可以看到微信与QQ都可以开启"应用分身"。开启微信应用分身后，你就能在手机桌面上找到两个微信的图标，点击每个图标可登录不同的微信号，瞬间就有了总计1万个好友的上限，是不是很方便呢？

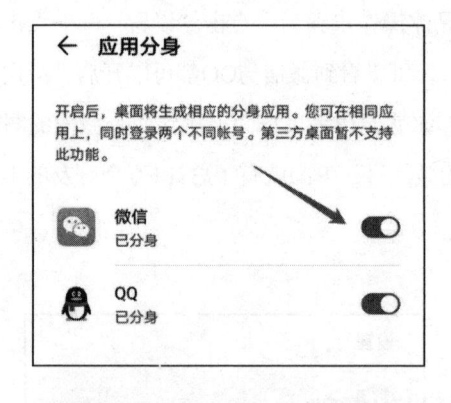

目前只有部分安卓手机才有该功能，快来看看你的手机里有没有"应用分身"的功能吧！

第五章
痛点：挖掘客户需求

第五章 痛点：挖掘客户需求

学习目标：

1. 掌握封闭式提问技巧；
2. 掌握开放式提问技巧；
3. 掌握选择式提问技巧；
4. 理解聆听中的"30/70理论"；
5. 熟练应用"良好倾听者的八大原则"。

本章导读：

菲利普·科特勒曾说过："销售工作是发现未被满足的需求而加以满足。"

"30/70理论"：用30%的时间说，用70%的时间听。

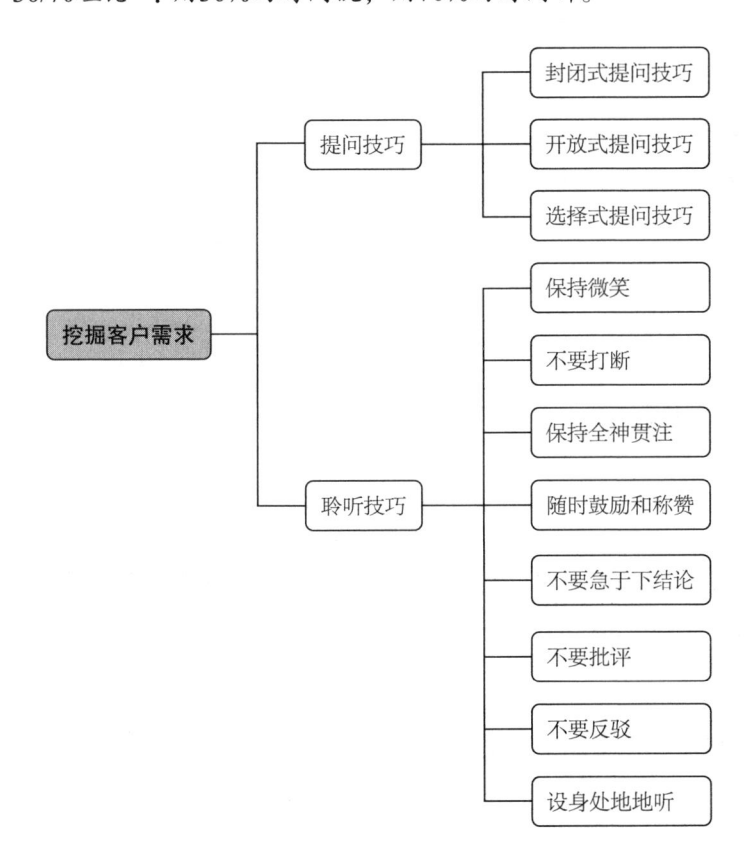

```
                              ┌─ 封闭式提问技巧
                   ┌─ 提问技巧 ├─ 开放式提问技巧
                   │          └─ 选择式提问技巧
                   │
                   │          ┌─ 保持微笑
                   │          ├─ 不要打断
                   │          ├─ 保持全神贯注
  挖掘客户需求 ────┤          ├─ 随时鼓励和称赞
                   └─ 聆听技巧 ├─ 不要急于下结论
                              ├─ 不要批评
                              ├─ 不要反驳
                              └─ 设身处地地听
```

被誉为"现代营销学之父"的菲利普·科特勒曾说过："销售工作是发现未被满足的需求而加以满足。"需求是销售的基础，给有需求的客户提供合适的产品是销售人员的使命，给没有需求的客户强行推销是毫无效用的。

这里的需求指的是客户对我们的产品和服务的需求。

作为优秀的销售人员，我们在与客户初次见面的时候首先要充分了解客户的明确需求，对客户的需求问得越仔细，客户就越觉得你很专业，做事认真负责，把客户的需求放在首位。

如果客户想买一个钉子，可能只是因为他需要挂一件衣服。钉子其实并不是客户的真正需求，客户的真正需求是"挂衣服的东西"。那么，钉子就可能未必是客户的最佳选择，或许粘贴式挂钩更合适，因为这样的挂钩不会破坏家具。

要想明确地了解客户的需求，销售人员需要掌握以下几个技巧。

一、提问技巧

主动提问是了解客户需求最直接、最有效的沟通技能，而提问可以分为多种方式。为了方便学习，我们把提问分为三种方式：封闭式、开放式和选择式。

这里用一个案例来说明三种提问方式的不同之处。

第五章 痛点：挖掘客户需求

案例
三碗面

有一次，苏州的一家企业邀请大嘴老师去讲三天课。由于住宿的酒店不提供早餐，大嘴老师就去附近找面馆吃面，正好看到酒店外面有三家有名的苏式面馆，暂且称它们为：A面馆、B面馆、C面馆。

第一天，大嘴老师去了A面馆，要了碗阳春面。负责点菜的女服务员问："先生，请问您**要不要加浇头**呢？"（浇头就是小菜，比如排骨、熏鱼、雪菜之类）大嘴老师思考了一下，说昨晚吃得很油腻，不加了。

第二天，大嘴老师去了B面馆，同样要了碗阳春面。负责点菜的服务员也是个女生，问道："老板，请问您要**加什么浇头**呢？"大嘴老师心想，这个服务员比昨天的会说话，抬眼看到他们家的浇头琳琅满目，一时不知道选什么，后面又有很多人在排队，就随口说道："不用加了，一碗阳春面就够了。"

第三天，大嘴老师去了第三家面馆，也就是C面馆，还是要了碗阳春面。负责点菜的女服务员要年长一些，微笑着问道："帅哥，要加点什么浇头啊？**要焖肉还是熏鱼**呢？"大嘴老师心想，焖肉太油腻，就随口说道："那就来份熏鱼吧！"

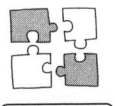

案例分析

故事讲完了，大家有没有发现三家面馆的服务员的提问方式不太一样？

A面馆的服务员问的是"要不要加浇头"，这是封闭式提问，回答要么为"要"，要么为"不要"。

B面馆的服务员问的是"加什么浇头"，这是开放式提问。凡是带有"什么"的问题，或带有"如何""为什么""怎样"的问题，回答都不是确定的。像这样有很多种回答方式的提问就是开放式提问。

C面馆的服务员问的是"要焖肉还是熏鱼"，这就是典型的选择式提问，即给回答的人提供两个或两个以上的选择。

下面就以这三种提问方式给大家分享几个超实用的提问技巧。

1. 封闭式提问技巧

大嘴老师早年的第一份工作是在公安机关任职。当大嘴老师第一次对入室盗窃犯罪嫌疑人进行审问时，大嘴老师问道："这是你第几次行窃啊？"犯罪嫌疑人回答道："这是我第一次！"旁边的老刑警立刻暴怒道："什么第一次啊！你都是惯犯了，这是你第七次行窃了吧？！"犯罪嫌疑人立刻老老实实地说道："没有那么多，才第四次！"

老刑警用的提问技巧就是封闭式提问技巧，而大嘴老师用的则是开放式提问技巧。无疑还是老刑警比大嘴老师更有经验，一下子就套出了真实的数字。

人们都喜欢反驳，或者说人们都喜欢纠错，我们可以利用人性的这个弱点，**如果想得到一个正确的答案，可以先给出一个错误的答案让对方纠错，从而得到一个真实的正确答案**。这就是封闭式提问技巧。

情景模拟①

开放式提问:"这次需要进多少货啊?"

封闭式提问:"看来你们这次需求量很大啊,至少要进10吨货吧?"客户答:"不止10吨,这次至少20吨!"

情景模拟②

开放式提问:"你们老板姓什么?"

封闭式提问:"你们老板姓黄吧!"客户答:"我们老板不姓黄,姓张。"

情景分析

封闭式提问技巧可以用在了解大客户的一些基本信息上,比如了解客户的预算、预计的采购量、谁是主要负责人等,都可以用封闭式提问技巧去了解这些信息。

2. 开放式提问技巧

开放式提问技巧是提问技巧中最重要的,也是最关键的一个技巧,读完以下案例你就能明白这其中的道理了。

案例 明朝雕花

有一次我们给某装修公司培训,学员分享了一个自己亲身经历的案例。这位学员是销售经理,与另外一位设计师是搭档。有一次他们接了一个洋房的订单,客户是一位单身女性,也是一位艺术家。客户对设计师提出一个要求,那就是要在阳台与客厅之间做一个雕花隔断,且雕花必须是明朝时期的那种雕花。设计师也是一位女性,最擅长明式古典装饰风格，所以就一口答应了。随后，客户就去了国外。

一个多月后，客户回来了，看了眼装了一半的房子就跑到设计师的公司里抱怨，因为她发现现在做的雕花隔断与她想要的样式完全不一样。设计师觉得很冤枉，明明自己按照客户的意思设计了明式雕花，怎么又不对了呢？后来，销售经理协调后才发现，原来客户认为的明式雕花其实是清朝时期的雕花样式，她自己以为是明朝的，而设计师的设计完全正确。但因为客户不满意，设计师最终也只能拆掉重新设计和制作。

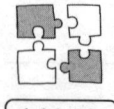

案例分析

在这个案例里，客户有错吗？有错。设计师有错吗？也有错。设计师错就错在没有再问一下："您认为的明朝雕花'长'什么样？"设计完以后，设计师也没有找客户确认就直接开工做了。这位设计师觉得反复与客户确认会打扰客户的生活，浪费客户的时间，所以不好意思去确认。而实际上，没有确认的后果更加严重。

因此，开放式提问技巧在销售中，包括在日常沟通中，都是相当重要的。

开放式提问技巧的好处：

（1）可以避免对客户的需求造成误解。

（2）可以给自己预留思考的时间。

（3）让客户有机会提供更多有价值的信息。

（4）可以挖掘出客户背后的真正需求。

开放式提问技巧的具体话术：

（1）"为什么呢？"

例如可以说："这是为什么呢？""您为什么这么问呢？""为什么这么说呢？""为什么有这样的疑虑呢？"

（2）"您希望是……？"

凡是关系到时间、大小、长短、频率等的提问，都可以用"您希望是……？"来提问。

比如客户问道："你们什么时候可以发货？"其实客户心里已经有最期待的答案，而可能并不是你认为的正确答案，那么你可以问："您希望是……？"这样问的好处在于，或许客户需要的时间比你预想的还要宽松。

案例 有没有大一点的？

有一次大嘴老师给一家瓷砖销售公司的门店做现场培训和辅导，当时来了一位很匆忙的顾客，向接待的店员问道："你们有没有大一点的瓷砖？"店员回答道："当然有啊！您跟我来。"随即就带着客户去看销售90cm×90cm瓷砖的区域。客户看了回答道："我再看看。"说完之后就准备离开。大嘴老师看着情况不对，立刻赶上去向客户问道："先生，请留步。请问您需要多大的瓷砖呢？"客户回答道："我们是开酒店的，这次我们要给大堂翻修，想买120cm×120cm的瓷砖，你们有吗？"大嘴老师立刻微笑道："这么大的瓷砖也只有我们店有了，不过因为瓷砖比较大，我们才没有放在展厅里展示，我让店员带您去仓库看看吧。"随后，这笔订单便顺利地成交了，而且采购量还很大。

案例分析

这个案例就是很典型的店员犯了自以为是的错误，以为顾客说的大一点就是90cm×90cm，而缺少开放式提问的技巧。

（3）"您想要什么样的？"

案例 卖李子

一位大妈去市场买水果，走到第一个水果摊前时，老板热情主动地问大妈："阿姨，您好！今天想买西瓜还是香蕉啊？"

大妈回答道："想买点李子。"

老板兴奋地指着一筐李子道："我的李子又大又甜，阿姨您要称几斤？"

大妈瞧了一眼，他的李子果然又大又红，看上去很甜的样子。然而大妈却摇了摇头，没搭理他，继续朝前走去。

她走到第二个水果摊前问道："您这儿有李子卖吗？"

这位老板也非常热情地回答道："我这儿的李子有好几种呢，您想要什么样的李子？"

"我想买酸一些的。"大妈随口答道。

老板笑着说："太棒了！阿姨，您看我的这筐李子是刚从山上挑下来的，还没熟透，有点酸，价格也便宜……阿姨，给您称几斤？"

大妈说："那就给我称两斤吧。"

第五章 痛点：挖掘客户需求

案例分析

在本案例中，第一个水果摊老板之所以失败就是因为在得知客户的第一需求后就立马为客户推荐产品，殊不知第一需求的背后还有第二需求，而这第二需求往往是最关键的。而第二个水果摊老板就聪明多了，他知道进行开放式提问："您想要什么样的李子？"这才知道了更准确的第二需求，从而形成了销售。

在我们日常的销售工作中，经常可以看到销售人员只询问客户的第一需求是什么，尤其是门店销售人员。客户一旦对销售人员推荐的产品不满意，就会转身就走。因此，销售人员在向客户推荐产品前或回答客户的问题前，必须再深挖一下客户对产品的具体需求。

（4）"您的意思是……？"

当我们想要进行开放式提问，却又找不到更合适的提问话术时，就可以说："您的意思是……？"这是百搭式提问技巧，表示你没有完全弄清楚客户的需求，希望客户能详细地表述自己的需求，这样你就可以了解更多的信息，而且你可以利用这段时间去思考如何回答客户的问题。

案例 多久才完工？

有一年，大嘴老师给苏州一家别墅豪宅装饰企业做辅导，当时与一位首席设计师一起接待了一位客户，这位客户刚买了一套价值两千多万的别墅准备装修。首席设计师与客户相谈甚欢，客户也被设计师的谈吐和资深的从业背景所折服。谈了一会儿后，客户向设计师问道："你们公司装修别墅一般需要多久才能完工啊？"设计师思考了一下正要回答，大嘴老师一看这位客户比较注意细节，怕设计师的回答不能让他满意，便插口道："您的意思是……？"客户回答道："第一，我现在有房子住，是市里的一套洋房，不着急搬家；第二，当年装修我那套洋房的时候，我为了赶工期而让施工方快点交房，结果房是交出来了，但没住上几年就这里漏水，那里漏电。所以，对于这套房子，我不着急让你们交工，你们慢慢来，好好干。"大嘴老师点头道："确实，慢工出细活儿。"

把客户送走以后，首席设计师握着大嘴老师的手推心置腹地说道："如果不是大嘴老师及时地问了一句，我还真就脱口而出地说半年了！"

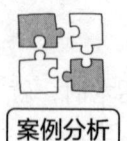

案例分析 如果不具备进行开放式提问的技巧和习惯，很多类似的事情曾经发生在你我身上而不自知，而且还将继续发生……

（5）"然后呢？"

进行开放式提问后，你会得到一个回答，有的时候你还必须继续提问："然后呢？"深度挖掘客户更具体、更详细的需求，了解更多的信息，对于成交是非常有帮助的。尤其当你面对大客户时，你问得越详细，客户越觉得你够专业、够认真。

（6）"还有吗？"

问完"然后呢？"可以继续问"还有吗？"，以不断鼓励客户详细描述自己的需求。

第五章　痛点：挖掘客户需求

这里，你需要注意以下两点：

① 客户说完后不能马上对客户进行提问，而要稍微停顿一两秒钟，而且停顿的时候要做思考状，让客户觉得你在努力思考。

② 如果有些问题是显而易见的，就不需要对客户进行提问，而是需要先回答再提问。如果有些问题的答案很明显，但你依然问客户，就容易闹出笑话来。比如客户问你们公司成立多久了，你回答说："您猜呢？您觉得呢？"客户就会哭笑不得。所以，对于某些问题，你可以先直接回答，然后再根据需要对客户进行提问。这也是一种提问技巧，叫作**"以问收尾式提问技巧"**。

销售人员需要养成回答问题以后马上提问的技巧，这样做一方面可以让客户提供更多的信息，一方面还能掌握沟通的主动权。

情景模拟

客户："我们公司想购买10台打印机。"

销售员："好的，需要哪些功能呢？"

客户："激光打印，最好是一体机，能复印。"

销售员："好，然后呢？"

客户："设备不能太大，不然太占地方。"

销售员："还有吗？"

客户："最好还能发传真。哦，对了，我们还需要一台彩色激光打印机。"

销售员："还有其他需求吗？"

客户："没有了，给我报个价吧。"

销售员："好的！"

3. 选择式提问技巧

还记得上文那个三碗面的故事吗？第三碗面的成功之处就在于服务员采用了选择式提问技巧。让我们一起回顾一下，第三家面馆的服务员问的是"要焖肉还是熏鱼"，她用选择式提问技巧很好地挖掘了客户的需求。

（1）选择式提问的开场

在前文那个卖李子的案例中，第一个水果摊的老板问："阿姨，您好！今天想买西瓜还是香蕉啊？"其实他并没有完全失败，他的成功之处在于挖掘出了客户的第一需求——买李子，他运用的就是选择式提问技巧。

如果他直接问："您想买些什么？"这样问（开放式提问）往往得到的就是"我随便看看"这样的回答，因为此时此刻客户对销售人员是有防备心的，所以销售人员要运用选择式提问技巧。

选择式提问技巧通常在门店销售的场景很适用。请看以下例子：

情景模拟①
店员："您今天想看看衬衣还是西裤呢？"
顾客："看看衬衣吧。"

情景模拟②
店员："您好！想买瓷砖对吧？您想买放在客厅里还是厨房里用的呢？"
顾客："客厅。"

（2）选择式提问法的沟通

当销售人员与大客户交流的时候，客户同样会有防备心，尤其是在初次见面时，如果销售人员问一些比较敏感的话题，客户就会更加有防备心，从而避而不答，甚至产生反感。

比如我们想要了解客户需要的产品的具体数量、交货期限、预算等具体需求时，如果使用开放式提问法，客户不一定会正面回答我们，但如果改用选择式提问法，就能大幅度提高获取信息的成功率。

情景模拟①

销售员："李总，你们这次会采购多少吨钢材呢？"（开放式提问）

客户："这不着急谈，关键看你们的价格是多少。"

销售员："李总，你们这次打算采购20吨还是30吨钢材呢？（选择式提问）（注意，这里的数目可以适当地往多了去说，否则客户可能会顺着你的小数目说，那就适得其反了）

客户："这次先采购20吨吧。"

情景模拟②

销售员："您希望什么时候发货呢？"（开放式提问）

客户："现在还定不下来。"

销售员："您希望我们什么时候发货呢？明天还是后天？"（选择式提问）

客户："这批货我们要得比较急，明天可以发货吗？"

还有一种情况是可以通过选择式提问转移客户的抗拒点。比如客户一直在关注产品的价格，客户可能觉得产品比较贵，我们就可以通过选择式提问把客户的注意力转移到产品价值上面。

情景模拟①

销售员："李总，我想了解一下，如果您愿意与我们合作的话，您看重的是我们企业的品牌影响力和产品质量，还是我们的售后服务呢？"（转移注意力，为后面介绍产品价值做铺垫）

李总："我们公司更关注产品质量，其次是售后服务。"

销售员："好的，那这样吧，我接下来就给您介绍一下产品的细节及售后服务……"

情景模拟②

销售员："先生，您选购沙发更看重的是沙发的款式和外观，还是沙发的功能和品质呢？"（同样也在转移价格问题）

二、聆听技巧

前面我们主要讲的是怎么说，接下来讲讲怎么听。

大家可能要说："听还不会吗？"

第五章　痛点：挖掘客户需求

可你真的会听吗？你去见客户时，真的能够耐着性子坐在那里听客户讲个不停，尤其当客户批评你、指责你、和你的观点不一致时，你还能忍住不打断客户吗？

或许大家又要问了："做销售不用嘴巴讲，难道听就可以做好销售吗？"

没错，过去做销售对表达方面的能力要求比较高一些，但现在不同了。

2003年，国际权威心理学杂志 *Theory & Psychology* 进行了一项调查，得出一个结论："当今社会75%以上的人有找人倾诉的需求。"

我们据此提出"30/70理论"，即在销售人员与客户进行交流与沟通时，销售人员讲述的时间只能占30%，而要把70%的时间放在倾听上。

大多数销售人员都习惯去讲，而销售人员面对的大客户一般都是非常强势的，他们是不喜欢听别人讲的一类人，那么销售人员还不如赶紧耐住性子认真地做个好听众。

当然，好听众也不是这么好当的。如果你在假装听得很仔细，其实客户完全可以感觉到你是认真地在听还是在敷衍他，因为你的身体语言骗不了人。

下面就给大家讲讲成为良好倾听者的八大原则，请一定牢记。

1. 保持微笑

微笑是前提，因为如果你不保持微笑，传递给客户的信息很可能是你否认他的观点，只是没有说出来罢了，至少没有认同。尤其是有的人听别人讲话时会不自觉地眉头紧锁，这会让人觉得听者比较焦虑或排斥。

2. 不要打断

比较强势的客户讲话时，你千万不要打断他，因为这类客户一般比较喜欢打断别人，但同时也最不喜欢别人打断他们。我们换位思考下，如果你在跟对方讲话，突然被对方打断了，请问这时你所关心的是对方打断你之后的讲话，还是你自己尚未讲完的话呢？

答案一定是后者。

所以，如果你把别人的话打断了，对方和你的感受是一样的。这时对方不会仔细听你要讲的话，而会仍然挂念着他们还未讲完的话，就好像被误关在房门里的猫，随时等待门开的一刹那跑出去。对方会在你讲话的空隙里，随时找机会把自己还没有讲完的话插进去讲完。这是不是很有趣？你们俩根本没有留意对方在讲什么，都在见缝插针式地表达自己。

那么到底该怎么办呢？你需要做的是，先耐住性子听对方讲，等确定对方讲完了再开始自己的讲述。

3. 保持全神贯注

这里所说的"保持全神贯注"是指我们不仅要用两眼望着客户，还要把自己的全部身体都朝向客户，而不要侧着身子去听客户说话。只有真正地保持全神贯注，才会给客户以"真正地在认真听"的感觉，对方才会很开心地与你沟通，才会把你当"知音"，才会"无话不讲"（这里指把你想要听的东西都一股脑告诉你了，包括他们的真正需求，而这正是你想要听的）。如果你一副不耐烦的样子，或者表现出无所谓的态度，这样不仅不礼貌，还会惹恼客户。

第五章 痛点：挖掘客户需求

4. 随时鼓励和称赞

为了鼓励客户滔滔不绝地讲下去，你除了要保持全神贯注，还要发出鼓励和附和的声音，肯定客户说的话，这会让客户心里很舒服。

傅一声老师经常会给大家分享一个很典型的真实案例。有一次，上海的一家银行想请老师来给全集团的员工做新媒体营销培训和辅导。经介绍，该集团的人力资源总监联系上了傅一声老师。傅一声老师当时也在上海，便约在客户公司楼下的咖啡厅里见面。坐下来以后，傅一声老师通过对总监的穿着打扮、外形特点、走路姿势等特点，大概猜到总监是一个活泼的社交型性格的人。开始聊以后，总监一直在说当前集团的各种问题特别棘手，自己是如何做的，取得了什么成绩，自己有怎样的想法等。傅一声老师刚开始有几次想要告诉他可以如何解决，结果发现总监的表达欲特别强，他自己心里已经有一大堆主意了。

于是傅一声老师不说话了，就这样微笑着认真地听总监说话，并时不时地点头和应和着。

总监不停地说了一个半小时才让傅一声老师开始说话。傅一声老师大力地肯定了总监的几个想法，说自己可以帮助他好好地实现这些想法。

傅一声老师就这样简单地说了三分钟而已。总监握住傅一声老师的手感慨道："哎呀，我从去年开始做公益以后，感觉自己就一路上遇到贵人，傅一声老师您简直是我的知己，我的这些想法在集团里提了好多次了，他们没人能做。我想在集团外部可能会找到专家去做，结果就遇到了您，我真是太幸运了！您带合同了吗？我们签约吧……"总监连价格都没有犹豫，直接就签了一个价值28万元的培训订单。

5. 不要急于下结论

我们看到的或听到的不一定是真实的。经验主义是非常可怕的，这个时代的变化非常快：哪怕在过去一个月里特别有效的营销方式，在这个月可能就不管用了；上周你认为最时髦的东西，现在可能已经过时了；客户说的一个词可能和你理解的完全不同。

我们总认为客户说的与我们心里想的一样，结果往往是等我们把产品送给客户后，才发现根本不是一回事。这就会造成不必要的时间和资源的浪费，还会让客户对我们心生不满。

所以，倾听时不要自以为是地急于下结论，要把客户的话认真听完，即使不对，也要先听完。

6. 不要批评

当客户对我们或对产品下了错误的定义时，千万不要去批评和指责客户。无论他的观点多么令人啼笑皆非，我们都要认真努力地把话听完，千万不要批评和指责客户，因为即使你赢得了这场辩论，你也将失去这个客户。

7. 不要反驳

当客户与我们的观点不一致时，千万别急着反驳，请把内容记下来，在随后轮到自己说话时再用"故事说明法"（用发生在其他客户身上的真实故事来说明）来证明自己的观点（千万不要明确地说客户的观点不对）。

8. 设身处地地听

设身处地地听是倾听者的最高境界。我们把倾听者的境界从低到高分为五个等级：听而不闻，假装在听，有选择地听，全神贯注地听，设身处地地听。

什么是设身处地地听呢？就是站在客户的角度，多为客户着想，也可以叫作换位思考。如果你能够真正地做到设身处地，客户是能够感受得到的。客户能够因为你的足够体谅、足够理解而感动，并愿意成为你的朋友和合作伙伴。

【本章作业】

1. 结合日常工作，思考并记录5个场景中不同提问方式的话术，完成下列表格。

场　　景	封闭式提问	开放式提问	选择式提问

2. 反思自己在倾听方面的不足之处并思考改进方案，填写下列表格。

场　　景	不足之处	改进方案
例如：与客户沟通时	经常抢话，客户没说完就急着表达自己的想法	认真听客户说完再发言，下次想抢话时就默默地掐大腿提醒自己

【微营销小技巧5】微信绑定QQ号，引流有妙用

很多营销人员都需要引流，这里是指把各种渠道的潜在客户汇总到微信中来。可是微信上能添加的好友数量是有上限的，一旦超过上限，更多的潜在客户就无法添加我们的微信了。

我们常常看到有的朋友一个微信号上的好友满了以后，则在个性签名处留言："本号已加满，请添加微信号……"由于重新搜索微信号很麻烦，很多人便放弃添加微信了。

那么，如何解决这个难题呢？教你一招——微信绑定QQ号。

例如，傅一声老师三年前在某平台发布了一篇文章。三年来，几乎

每天都有人添加傅一声老师的微信。当时发布的文章已经无法修改了，也就意味着文章中留的联系方式无法再修改了。幸好傅一声老师当时留的是"加微信1787031828交流"，这里的"1787031828"其实是QQ号。这个QQ号绑定的是傅一声老师的微信1，读者在微信APP中搜索这个QQ号会找到傅一声老师的微信1。后来傅一声老师的微信1加满了5000人，于是傅一声老师将微信1与该QQ号解除绑定，并将微信2与该QQ号进行绑定，那么读者根据文章中的QQ号进行搜索时，就会找到傅一声老师的微信2。

掌握这个小妙招，你就再也不用担心微信好友加满后，新好友加不进来了。

微信绑定QQ号的操作步骤如下：

打开微信APP——点击"我"——点击"设置"——点击"帐号与安全"——点击"更多安全设置"——点击"QQ号"进行绑定。

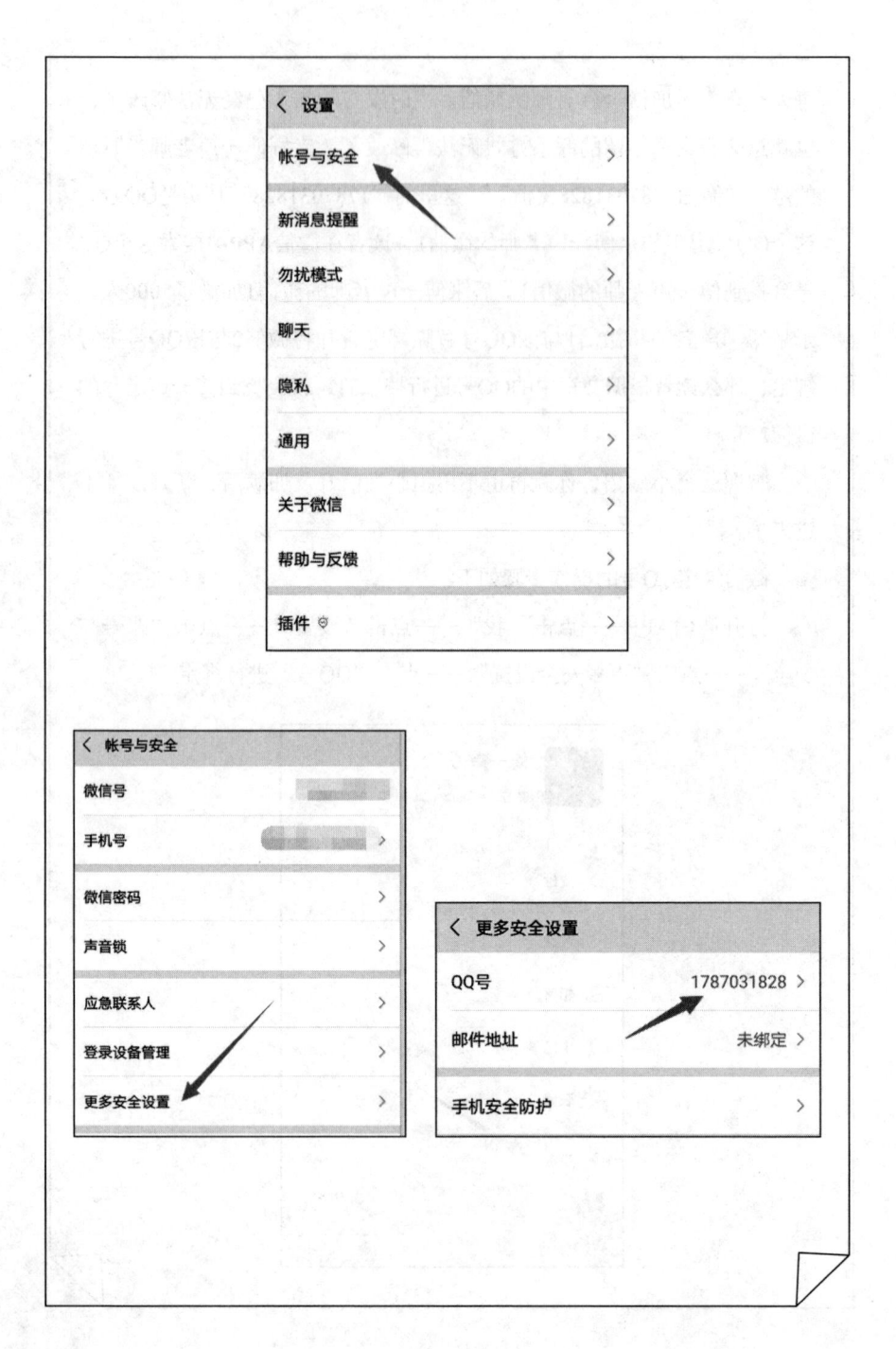

设置	
帐号与安全	>
新消息提醒	>
勿扰模式	>
聊天	>
隐私	>
通用	>
关于微信	>
帮助与反馈	>
插件	>

帐号与安全	
微信号	
手机号	>
微信密码	>
声音锁	>
应急联系人	>
登录设备管理	>
更多安全设置	>

更多安全设置	
QQ号	1787031828 >
邮件地址	未绑定 >
手机安全防护	>

第六章
卖点：塑造产品价值

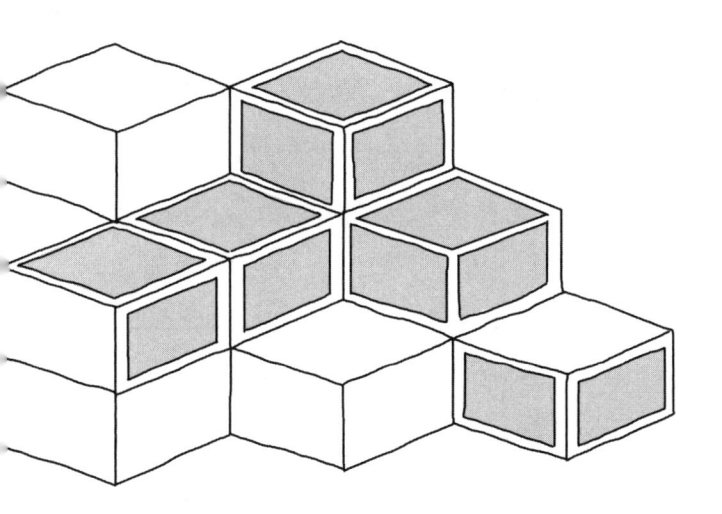

06

第六章 卖点：塑造产品价值

本章导读：

汤姆·霍普金斯曾说过："卖产品不是卖产品的本身，而是卖产品可以给客户带去的'好处'。"

客户心中有一个天平，一边是价值，一边是价格，客户认为价值超越价格时才会形成购买。

"挖痛点"的策略：找痛点—挖痛点—给"药方"。

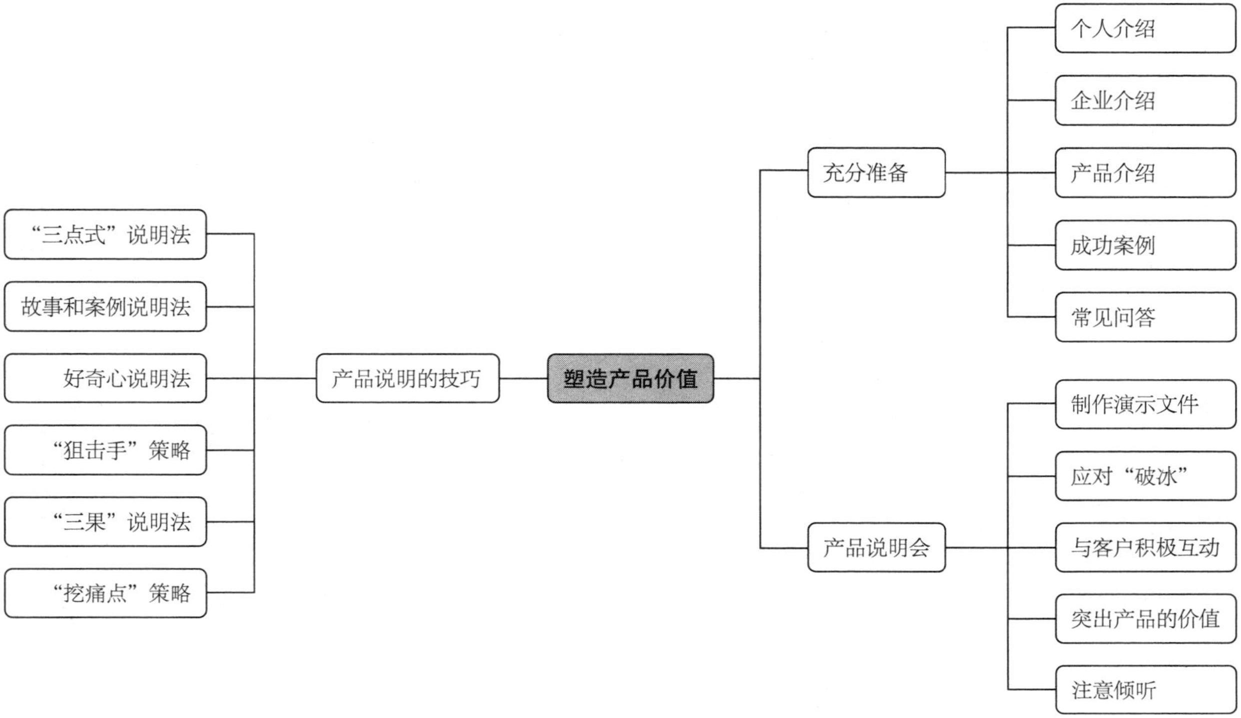

学习目标：

1. 具备准备一场产品说明会的能力；
2. 学会制作演示文件；
3. 掌握产品说明的技巧。

```
塑造产品价值
├── 产品说明会
│   ├── 充分准备
│   │   ├── 个人介绍
│   │   ├── 企业介绍
│   │   ├── 产品介绍
│   │   ├── 成功案例
│   │   └── 常见问答
│   └── 产品说明会
│       ├── 制作演示文件
│       ├── 应对"破冰"
│       ├── 与客户积极互动
│       ├── 卖出产品的价值
│       └── 注意倾听
└── 产品说明的技巧
    ├── "三点式"说明法
    ├── 故事和案例说明法
    ├── 好奇心说明法
    ├── "狙击手"策略
    ├── "三果"说明法
    └── "挖痛点"策略
```

129

大客户营销中的"大客户"往往不是个人，常常包含许多人，因为很多订单需要很多人共同了解和商讨后才能决定。对于卖方来说，效率最高的方法是把买方的相关人员集中起来开产品说明会，并在产品说明会上把产品的价值、优点、特性等介绍给客户。

好的产品说明能让客户怦然心动，精心设计的产品说明能让客户马上行动，甚至拍手叫好："对，这就是我们想要的。太好了，就选你们了！"

世界著名的销售大师汤姆·霍普金斯曾说过：**"卖产品不是卖产品的本身，而是卖产品可以给客户带去的'好处'"**。如果你是卖投影仪的，你卖的不是投影仪的灯泡、塑料外壳和线路板，而是机器的使用价值，包括它的清晰度、轻巧灵便性、使用寿命等，这些才是客户需要的。

那么如何设计一个有针对性、有说服力的产品说明呢？

一、充分准备

想必大家都听过一句话："机会是留给有准备的人的。"但是能真正做到"有准备"这三个字的销售人员却不多。在销售过程中，产品说明部分是相当重要的，因为如果客户对你的产品没有很了解，又怎么愿意去购买呢？所以，在做产品说明前，一定要做足准备。

你需要准备的内容包括但不限于以下几个方面：

第六章 卖点：塑造产品价值

1. 个人介绍

大嘴老师在给新学员讲课前，都要对自己做一个详细的介绍，比如介绍大嘴老师的从业背景、授课经历、出版过的书籍，以及曾为哪些企业授课和辅导等。为什么要做这些介绍呢？介绍这些的主要目的并不是炫耀自己，而是让学员对大嘴老师产生一定的信任和尊重，这样学员在听大嘴老师讲课的时候才能更愿意认真地去听、去学习。同样，销售人员在介绍产品之前，甚至在做销售之前，也要让客户知道你是谁，你在这个行业里从业多少年，有什么样的专业背景等。也就是说，你需要让客户清楚为什么要听你介绍产品，为什么要从你这里购买产品。

个人介绍可以具体包括以下几个方面：

（1）基本信息

你需要说出你的名字、外号、职务等信息。

如果你的名字不是很好记，可以给自己取一个外号。这个外号可以和你的名字有关，也可以和你的形象或爱好有关。

例如，本书作者曹大嘴老师的本名是曹恒山，为什么给自己取了曹大嘴这个外号呢？并不是因为曹老师的嘴很大，而是他为了让自己的名字更便于传播而"自黑"。自从给自己取了"曹大嘴"的外号之后，曹恒山这个名字反而很少有人记得了，因为大家一听这个外号就能记住。

再比如，本书作者傅一声老师的本名其实也不是傅一声，大家上百度百科可以查到，傅一声老师的本名为傅建忠。为什么傅老师也要给自己取个外号呢？因为傅建忠这个名字比较常见，不容易被大家记住。而且，到底是"建设"的"建"，还是"健康"的"健"呢？是"忠诚"的"忠"，还是"中心"的"中"呢？这些都需要向他人特别说明，而且即使说了别人也未必记得住。于是傅老师给自己取了个外号，叫"傅一声"，寓意为"重要的事情只说一声"，寄托着傅老师希望自己说的话精准且有力，一开口就是对客户有用的话，不讲废话。傅老师不仅在与人交流中使用这个外号，在百度、微博、头条、抖音等所有平台都统一使用"傅一声"这个名字，好记又好写。

取一个好的外号既能让客户快速记住你，又能拉近你与客户的距离。

案例 取外号

我们曾经辅导过一家进口瓷砖销售门店，这家门店经常发生抢单事件。比如一些客户是店员通过微信营销或电话邀约获取的，但这些客户进店以后忘记是谁邀约的，而门店对于自然进店的客户通常的规则是谁先接待就是谁的客户，于是销售员就经常出现不愉快的抢单事件。不过，有一位销售员邀约来的客户几乎每次都能准确地说出销售员的名字。这位销售员叫郭小田，因为喜欢笑，就给自己取了一个外号"甜甜"，并向客户介绍自己说："您可以叫我甜甜。"这样一来，她的客户一进店就说找甜甜，自然就不会弄错。

后来我们就提议每位销售员都给自己取一个外号，于是就有了晶晶、阿紫、月月、胡哥、梁仔、胖哥、小白等。自从有了外号，店里再也没有发生过因客户不清楚销售员的名字而出现抢单的情况了。

第六章　卖点：塑造产品价值

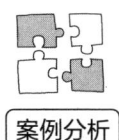

> **案例分析**　销售员有了容易被记住的外号后，会更容易让客户记起自己，客户与销售员的关系也就更近了。而且，取外号这件事也给这家企业带来了额外的收益：因为店员们都很年轻，他们不仅给自己取外号，还给领导们取外号，为此大家的关系也融洽了不少，并成为独特的企业文化。

另外，对职务的称呼也很关键。很多销售员会在自己的名片上印上"销售经理""团队经理""金牌顾问""营销冠军"等头衔，目的是让客户更加信任自己。销售员介绍自己的时候可以说："您好！我是我们公司连续三年的金牌销售，我的服务非常专业，客户都喜欢与我交朋友。"2020年热播的电视剧《安家》中，房产销售顾问王子健每次都对买房的客户说自己是"金牌销售"，这在无形中提升了自己的专业形象。

（2）从业年限

从业年限指从事某个行业的年限，如何对其进行恰当的表述也是一门学问。比如你是房地产企业的销售员，已经干了四年零十个月了，那么你完全可以说："我从事房地产销售已经近五年了。"这样的表述既不失实，也能赢得客户对你更多的信任。

（3）获得的荣誉

对于自己获得的荣誉一定要实话实说，千万不要弄虚作假。如今网络非常发达，一旦客户发现你有作假的行为，信任感就会荡然无存。为了丰富你的从业经历和提高资质，你需要做的是利用业余时间好好学习，不断提升自己，这对你未来的工作是非常有帮助的。

（4）优势

假如你是一名装修业务员，但你是从设计师助理的岗位转过来的，那么这一工作背景就是你的优势，是会给你加分的，你应该把它告诉给你的大客户。假如你是一名销售工业品的销售员，但你是从工程师的岗位转过来的，你就可以告诉客户自己过去是做技术的，非常懂产品背后的技术问题，能够给客户提供非常专业的建议。

案例 顾问式销售

曾经有一家电梯配件企业请我们做顾问，在做调研的时候我们发现这家企业有一位销售员特别出色，他一个人的业绩就几乎占企业总业绩的一半。当我们兴致勃勃地找他访谈的时候，我们发现这位销售冠军并不具备我们所认识的销售精英的大部分特质。比如说，他其貌不扬，穿着也不时尚，而且也不是很健谈，但一谈到专业知识的时候，他就像换了个人似的非常自信。后来一问才知道，他曾经做过10年的车间主任，而且是从一线工人干起的，对整个生产流程和细节都非常熟悉。他使用的销售模式就是"顾问式销售"，他可以到客户那里做现场指导，非常受客户欢迎。

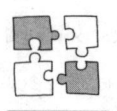

案例分析

如果你有相关的从业背景，一定要告诉客户，它一定会给你加分，并让客户更信任你。

第六章 卖点：塑造产品价值

2. 企业介绍

在成功销售的要素中，"信任"是极为关键的要素。信任包括"个人信任"和"品牌信任"。你的言谈举止、从业背景和与从业相关的特长都是能否给客户带来"个人信任"的要素。你所在的企业是否有影响力，是否是行业巨头，是否已经存在很多年了，这些都是能否让客户产生"品牌信任"的要素。在进行产品介绍之前，你还要对你所在的企业的优势进行全面的呈现，并分析竞争对手的劣势。

3. 产品介绍

这是非常重要的环节，当你不知道客户具体需要什么的时候，你就必须把所有产品的优势和劣势全部说清楚，而且要用数据和真实案例进行论证。

关于产品的介绍，相信每一家企业都会对新员工进行产品知识的培训。等员工正式上岗以后，还会时不时地对其做一些新产品的培训，甚至有一些企业还会开展产品知识竞赛和其他方面的考核活动。但企业面对的是整个销售团队，大家对产品的理解不同，大家的工作年限也各不相同，而且如果产品种类比较多的话，培训就不可能面面俱到。尤其对于一些产品的关键细节，需要销售人员自己去琢磨和分析。而销售人员面对的大客户往往又是比较注重细节的，所以在做产品介绍之前，销售人员必须学会对产品的优点和特性进行梳理和总结，形成一个详细的说明文件，并利用PPT进行展示，为客户进行详细的讲解。

4. 成功案例

除详细的产品说明外，还需要用大量的成功案例进行说明。因为客户更注重产品的使用价值，如果他们看到已经有那么多客户因为你的产品而获益了，就会更愿意购买你的产品。所以，销售人员要尽可能多地为客户呈现成功的案例。

5. 常见问答

我们给企业做咨询辅导时，一般都会要求企业整理一份《百问百答》，也就是整理出客户通常会问哪些问题和销售人员该如何详细解答的文本。然后组织销售人员集中培训和学习，并且要求销售人员对答如流。在平时的销售中，如果出现一问三不知的情况，客户就会对销售人员的专业性产生怀疑。而销售人员往往代表的是整个企业，客户对销售人员回答的满意度最终决定他们是否会成交。

二、产品说明会

相对于一对一的产品说明，一对多的产品说明效率更高。如果把关键客户全部集中在一起，通过统一的说明、演示和解答，更容易获得客户的一致认可。

做一场成功的产品说明会，需要注意以下几个方面：

第六章　卖点：塑造产品价值

1. 制作演示文件

一对多的产品说明需要一套条理清晰、充满吸引力的演示文件。演示文件可以是PPT、视频、图文资料等，并包括以下几个方面的信息：

（1）公司介绍

（2）产品说明

（3）成功案例

（4）产品实施计划和预期成果

在这几方面中，产品实施计划和预期成果尤其重要，但这些恰恰是当前很多销售人员经常忽视的内容。

案例　精彩的产品说明会

小王是一家软件销售企业的销售人员，与客户约好了周二上午到客户公司的会议室做详细的产品说明。他花了三天时间把自己的产品方案用PPT呈现了出来。

产品说明会当天，小王提前一个小时就到了客户公司的会议室，还带了两个笔记本电脑，提前调试了软硬件，自己还戴了一个"小蜜蜂"（小话筒），以便参会人员都能听得很清楚。

等全部人员到齐之后，小王开始做产品说明，并提前告知大家需要多少时间。

整个产品说明持续了30分钟，还预留了10分钟给大家提问的时间。因为小王准备得非常充分，讲解也很有条理，大家听得非常认真，并等小王讲完后开始陆续提问。小王提前准备了很多问题，大家的提问也基本都囊括在内。对于某些没有被提的问题,小王也用设问的方式主动为大家解答。

会议结束后,小王与客户顺利地敲定了一笔价值30万元的订单。

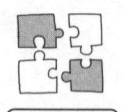

案例分析　这个案例中的销售人员小王就是一个非常懂得充分准备的销售人员。因为他的详细准备、一对多的优秀演讲能力,以及详细的产品说明与解答,最终征服了客户,顺利地签下了订单。

---

2. 应对"破冰"

如果是一对一的产品说明,那么就必须在已经"破冰"的前提下才能介绍产品。如果不"破冰",客户很难对销售人员产生信任,不会把自己内心的真实需求告诉销售人员,那么销售人员的产品介绍就无法着力于客户最想了解的产品细节上。所以,销售人员必须先"破冰",再去介绍产品。

另外,在做产品说明前也要征求客户同意才可以开始。也就是说,要等客户真正想了解了,销售人员才可以开始做产品说明。

3. 与客户积极互动

在正式做产品说明的时候,要随时保持与客户的互动,包括提问、让客户体验产品(如果有样品,可以让客户一边听一边体验)、做产品对比实验、眼神交流等,还可以通过视频、图片、音乐等辅助工具让客

第六章 卖点：塑造产品价值

户更多地融入你的产品介绍。

这里的提问方法可以包括设问式提问、引发好奇心的提问、有奖问答（一对多）等。

【情景模拟】

销售员（打开PPT）："各位领导，你们看，这就是我们当时为×××4S店设计装修的展厅。当时客户赶着办车展，对工期要求非常高。你们猜一下，这300多平方米的展厅我们一共花了多少时间完工呢？"

客户A："20天？"

销售员："不对，再猜。猜中的话，这个模型就是你的了。"

客户B："10天？"

销售员："答对了！来，这个模型送给你了！其实更准确的数字是9天。"

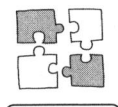

【情景分析】

这就是典型的有奖问答式提问，这样的参与性提问方式能大大地提高对客户的吸引力，同时还能加深客户对产品特色的印象。

【情景模拟】

销售员："张总，我右手边的这个是我们公司自主研发的超轻型液压泵，我左手边的这个是贵公司现在使用的普通液压泵。我们的超轻型液压泵不仅密封性好，而且重量只有普通液压泵的一半。来，请您亲自体验一下。"（把两个液压泵都交给客户）

客户："果然轻很多！"

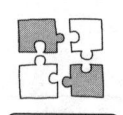

情景分析　这就是体验式销售，即把产品交给客户，让客户自己体验产品的优势，这要比你自己说强得多。

情景模拟　家居销售员："您现在可以体验一下这张床。这张床的床垫是我们公司特别聘请德国人体工程学专家专门为中国人研发的。不知道您发现没有，它非常适合我们中国人的身体特点。当您躺在上面的时候，会感觉脊椎和全身的肌肉都非常舒适。"

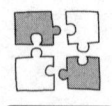

情景分析　这种体验式销售方法适合门店类产品销售。"口红一哥"李佳琦早先就是凭借这个方式在淘宝直播中脱颖而出的。大多数的主播在介绍口红时，通常会把口红涂在手上展示口红的效果，李佳琦刚开始也是这么做的。有一次，李佳琦直接把口红涂在自己的嘴唇上展示，没想到直播效果特别好。观众非常喜欢真实的涂口红的展示方式，当天观看直播的人数和成交量都上涨了不少。于是后来李佳琦就坚持把口红涂在嘴唇上进行展示，他在直播上的影响力也因此越来越大。李佳琦在一次直播中夸张地试了300多支口红，涂了擦，擦了涂。直播结束后，他的嘴唇已经没有知觉了，吃饭的时候才觉得火辣辣地疼。有人问他为什么不和其他人一样在手上试口红，李佳琦表示，口红涂在手

第六章 卖点：塑造产品价值

上的质感和涂在嘴唇上的质感是完全不一样的，他不想敷衍他的粉丝。

4. 突出产品的价值

前文曾说过，做产品说明主要是介绍产品的价值。产品的价值有很多，但不是每一个价值都是客户需要的，所以做产品说明要围绕着目标客户最需要的产品价值展开。在做产品说明之前，最好先询问客户对产品的哪些方面最感兴趣，在讲解的时候挑选出客户最关心、最感兴趣的部分进行详细讲解，再选择你认为重要的亮点依次讲解。

案例 买风衣

有一次大嘴老师去外地讲课，下了飞机后发现当地的气温比较低，而大嘴老师没有带外套，于是决定去商场买一件衣服穿。

来到商场后，大嘴老师看中了一件风衣，试穿了一下觉得挺合身，就问营业员价格是多少。营业员是一位圆脸的年轻女孩，很热情地告诉大嘴老师这件衣服的价格是2000元。大嘴老师说："太贵了！"结果营业员立刻说："先生，我们店正在做活动，打五折，只需要1000元！"大嘴老师心想怎么一下子降这么多，又摸了摸衣服的面料，感觉确实不是特别好，正犹豫间，营业员可能觉得大嘴老师还是嫌贵，就继续说道："先生，如果您诚心要，我给您一个店长折扣价，800元！"大嘴老师一听，又便宜了200元，心里反而更不踏实了。大嘴老师再仔细看看这件风衣，发现有很多线头，心里觉得不靠谱，想离开看看其他衣服。这时营业员见大嘴老师要走，顿时急了，拉住大嘴老师说："这样，我和经理申请一下，应该还能再便宜点。"营业员越说还能便宜，大嘴老师越想走，便头也不回地离开了门店，只听营业员还在后面喊："先生别走啊，500元卖你了！"

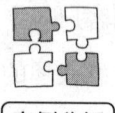

案例分析

大家有没有遇到过类似的情景？其实对于产品来说，有时候越便宜，顾客心里越觉得不踏实，因为顾客不是买价格，而是买衣服的价值。而这位店员却把价值完全忽略了，一直在主动降价，误以为只要价格便宜，顾客就能消费。在这个案例中，如果营业员想要成交其实也很简单，即在大嘴老师说贵的时候，营业员只要说出贵的理由，详细地介绍风衣的价值，当大嘴老师认同了价值之后，再适当地让利，这笔生意就可能成交了。

在这里，给大家介绍一个营销法则——**天平理论**，也叫"价值天平"。

这个天平是虚拟的，它存在于客户的心里。如下面的"天平理论"示意图所示，左边斗里的是"价值"，也就是客户心里对产品价值的认同，右边斗里的是"价格"，也就是产品的报价。那么如何才能成交呢？当左边斗里的"价值"重于右边斗里的"价格"的时候，客户就会购买该产品。如果左右平衡，那么客户就会犹豫不决。如果右边的"价格"远远重于左边的"价值"，那么很遗憾，客户一定会放弃购买。当然，客户不会直接告诉销售人员他们对价值的不认同或觉得太贵了，他们往往只会说"我再考虑考虑"或"我再看看别的吧"。

就拿上述这个案例来说，大嘴老师首次得知的价格是2000元，而大嘴老师心里对这件风衣的真实价值的估值为1500元。我们假设每100元是一个砝码，那么现在有两种方法可以让大嘴老师购买。第一种方法是在"价格"斗里拿出5个砝码，也就是降价500元，大嘴老师才会觉得物有所值，这也是商场里惯用的营销手段——打折。第二种方法是在"价值"斗里增添5个或5个以上的砝码，直到大嘴老师对这件风衣的价值认同超越了售价，大嘴老师才有可能购买这件风衣，这就是我们对销售人员的核心要求——**突出产品的价值**。当然，如果在给"价值"加码的同时，销售人员还能适当地减少"价格"砝码，这就是物超所值了，客户购买的可能性就更大了。

其实客户对产品价值的了解主要来自销售人员的讲解，所以销售人员在做产品说明时一定要突出产品的价值。

5. 注意倾听

在做产品说明的过程中，如果客户打断你，有问题要问，你必须立即停下来，面带微笑认真地听客户如何说，认真地对待客户的提问。如果客户没有产品需求，或者对产品不感兴趣，他们是不会提出问题的。

一般情况下，应对客户提问主要有以下两种方法：

（1）马上认真而详细地解答

如果你判断出这个问题非常关键，是核心问题，关系到最后成交与否，那么你就要马上全面、细致地回答客户的提问。回答客户的提问其实也是做产品说明的一部分，何况是客户关心的问题，你更需要积极应对。

（2）等全部讲完再统一解答

如果你觉得客户提出的问题不是很重要，后面还有很多关键信息没有讲解，那么你可以告知客户全部讲完后再统一解答。

以上两个方法需要视情况选择使用，不能一概而论。但至少在客户提问的时候，你必须保持微笑并认真地听，让客户把问题全部讲清楚以后再有针对性地解答。

三、产品说明的技巧

1. "三点式"说明法

"三点式"说明法指的是每论证一个观点，抛出三个关键点来说明。因为一到两个关键点不够说服力，超过三个，客户又记不住重点，所以三个关键点是最合适的。

情景模拟

一家别墅地产的销售员晶晶接待了一位企业老总，这位老总刚生完二胎。因为客户很忙，时间很有限，所以晶晶必须抓住重点介绍楼盘："张总，您好！我们楼盘的优势有很多，我挑最重要的三点给您介绍：①这是学区房，重

第六章 卖点：塑造产品价值

点小学和中学都在附近；②交通方便，离高速公路入口才1.5千米，20分钟就能到机场；③贵宾式物业，24小时巡逻，非常安全。接下来我给您详细介绍这三点，请到沙盘区域这边来……"

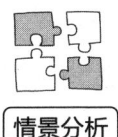

情景分析　客户刚生完二胎，学区房肯定是最需要的；客户经常出差，离高速公路和机场近都是客户需要的；客户同样需要非常完善的物业保障。抓住这三点详细说明，然后配合其他优势进行讲解，就一定能抓住客户的兴趣。

2. 故事和案例说明法

有的时候，用一个故事或一个案例来说明，远比说10句话更有力度。

就拿本书来讲，大家读到这里有没有发现，这本书首先不枯燥，其次很有说服力，为什么你会有这样的感觉呢？原因就是笔者用大量的真实案例和一些有趣的故事来证明我们的观点。同样，你在给客户做产品说明时，也要准备各种案例和故事来证明你的观点，如此一来效果会好很多。

尤其是当你发现客户听你讲述时有点心不在焉的时候，你可以立即讲一个故事或案例，将客户的注意力拉回到你这里。故事的吸引力往往要更大；案例需要具备真实性，能够证明产品的价值和客户的收益。

案例
安全气囊

大嘴老师在这里跟大家分享一个自己亲身经历的案例。大嘴老师去4S店买第一辆车的时候，看中了一辆合资的SUV城市越野车。这辆车的样式很新颖，里面也很宽敞，但价格超出了大嘴老师的预算。这时，销售人员看出了大嘴老师的心思，很有技巧地给大嘴老师讲了一个故事。

"曹先生，我知道这是您第一次买车，可能已经超出了您的预算。不过中档配置的车有一个问题，就是只有一个安全气囊在驾驶员的座位那里，而副驾驶的座位则没有。一个月前，有一位先生和您一样，也购买了中档配置的车。后来他带12岁的儿子一起出行，在高速公路上遇到车祸，因为副驾驶的座位没有安全气囊，孩子的鼻梁被撞断了。幸亏车祸不是很严重，但还是给他的孩子造成了伤害。我的意思是，为了您家人的安全，建议您多加三万元提高配置。"

听完这个案例，大嘴老师立刻改变了主意，多花了三万元买了个中高档配置的车。

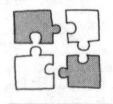

案例分析

这个经历给大嘴老师留下的印象很深，销售人员什么都没说，只是给大嘴老师讲了一个案例，引导大嘴老师关注家人的安全。而大嘴老师是一个很顾虑家人的人，宁愿自己受伤，也不愿意让家人受伤，所以大嘴老师增加了预算，购买了安全性更高的车。

3. 好奇心说明法

在介绍一个产品的新特点时，可以先用一个提问引出客户的好奇心，然后再开始讲解，这样可以牢牢地抓住客户的注意力。

情景模拟

销售员："您知道仅这一个产品就拥有多少项专利吗？"

销售员："您知道我们为什么这么处理产品的表面吗？"

销售员："您也是行家了，请您猜一下，这个喷嘴一次能喷多少油？"

销售员："您知道我们公司拍这块地花了多少钱吗？"

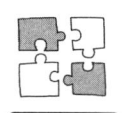

情景分析

人人都有好奇心，如果你利用好了客户的好奇心心理，就能牢牢地抓住客户的注意力。

4. "狙击手"策略

所谓的"狙击手"是针对"机枪手"而言的。什么是"机枪手"呢？就是不管客户有什么样的具体需求，你先把产品的价值统统讲一遍。好比机枪手做扫射一般，不管客户想要什么，你认为总有一两个特点能让客户产生兴趣。虽然在这种"机枪扫射式"讲解中兴许会有一两个特点让客户感兴趣，但同时可能会有某些特点让客户产生反感。

"狙击手"策略就这样应运而生，它的意思是指，**要先充分地了解客户对你的产品最关注的是哪些部分，然后针对这些内容做详细的解**

说，争取一举拿下订单。

案例 "狙击手"讲解员

在我们辅导的企业中，有一家是销售高端别墅楼盘的。我们通过SWOT分析法梳理出该楼盘的10个优势，包括属于学区房、紧邻地铁站口、拥有贵宾式物业管理、交通便捷、绿化覆盖率高等。此前，销售员只是先大概地了解一下客户的需求就开始做"机枪扫射式"讲解，也就是把楼盘的10个优势依次做解说，但发现总是很难打动客户。后来学习了"狙击手"策略后，销售经理带领销售员做挖掘客户需求的练习，再有针对性地做产品说明，效果就好了很多。

其中有一位客户来到楼盘销售厅以后，销售员并没有直接做沙盘介绍，而是先和客户聊天。销售员了解到，客户有两个孩子，一个已经上初中，另一个刚上幼儿园。销售员还了解到客户家里曾经被偷盗过，所以客户对安全防盗设施很关注。接下来，销售员开始着重介绍学区房的特点和贵宾式物业管理，以及24小时的监控系统，还有家里的指纹防盗锁、直接连接保安中心的隐秘报警器、高墙上的安保系统等，让客户对楼盘逐渐产生兴趣。得知客户想要了解一下楼盘的绿色生态系统后，销售员又带客户去了样板房，让客户亲自体验一下。最终，客户乐呵呵地交了订金。

> **案例分析**
>
> 本案例是关于楼盘销售的，而"狙击手"策略可以延伸到各个行业的销售，比如软件、大型机械设备、工程施工、保健品、健身等行业的销售。因为每一种产品或服务都有很多特点，而客户又各有各的需求，有些客户关注质量，有些客户关注价格，还有些客户关注售后服务，所以做大客户营销需要预先了解客户最迫切的需求，做有针对性的产品说明，这样才更容易打动客户。

5. "三果"说明法

（1）成果

关于成果的介绍主要包括两个方面：

第一，你所在的企业曾经获得的荣誉、奖项等；

第二，关于你的产品的成功案例，比如：某某企业用了你的软件后提高了多少效率，降低了多少成本等；某某公司听了你的培训课以后，增加了多少业绩，培养了多少人才等。这些都是你的产品的成果。

（2）效果

效果是与产品特性、优点相结合的。比如，你卖的杯子是用太空材料制成的，达到的效果是摔不碎和分量减轻一半。再比如，你卖的化妆品的特点是里面加入了羊胎素，可以激发肌肤的活力，使用后更显年轻等。

也就是说，我们在介绍产品特性和优点时，必须马上阐述可以给客户带来的效果，让客户更直观地感受到产品的价值。

（3）后果

这是"三果"说明法中最容易被大家忽视的一点。所谓的后果就是如果客户不使用我们的产品，会有什么样的损失。比如：如果客户不使用这个软件，客户每个月将多付出多少成本（列数据）；如果客户不使用这个培训课程，业务员的流失率将达到多少；如果客户不采购这个零配件，客户的竞争对手将用比客户低得多的成本去占有市场。

6."挖痛点"策略

"挖痛点"策略是销售中最实用的方法之一。所谓的"痛点"是指客户目前亟待解决或改善的问题，是客户最迫切的需求。"挖痛点"的意思是把这个痛点"挖"出来。

"挖痛点"策略有三个步骤：

（1）找痛点

这好比给病人看病，首先得把病人的疼痛部位找出来。

首先，你要找出客户最关键的需求点，即痛点。比如你是销售培训课程的，你了解到目前客户最关注的是销售业绩低下，迫切需要提高团队业绩。再比如你是卖保险的，你发现客户老年得子，对孩子珍惜得不得了，而孩子却有点体弱多病，客户希望能对孩子提供一些保障。这些就是客户最想解决或最关心的问题，也就是客户的痛点。

（2）挖痛点

把痛点找出来之后，你需要描述痛点的危害性。也就是说，你要想办法让客户知道问题不解决会带来什么严重后果，比如客户如果不想方设法提升企业的业绩，企业里的老业务员可能就要跳槽了，他们可能会被竞争对手高薪聘走，等等。

第六章 卖点：塑造产品价值

（3）给"药方"

等客户完全看清"痛点"的危害后，你的产品或服务，或者说解决方案，就该闪亮登场了。这个过程可以形象地比喻为给"药方"。

【本章作业】

1. 给自己取一个好记的昵称。
2. 设计一个有吸引力的自我介绍。
3. 以某款产品为例，撰写一份《客户百问百答》，列出客户最常问的问题，并写出答案。

【微营销小技巧6】微信昵称"六个坑"

微信昵称到底有多重要呢？对于营销人员而言，微信昵称既是一张名片，也是一块免费的广告牌——与客户互动时需要展示，在微信群中聊天时需要展示，发朋友圈时需要展示，在客户的朋友圈下方的每一次评论中也将展示。好的微信昵称应该简单好记，应该令人印象深刻，应该能够清晰地让他人知道我们的身份而又不让人产生反感，应该让客户在主动寻找我们时能够方便搜索到。

关于微信昵称有"六个坑"，下面请看看你有没有中招吧。

第一个坑：微信昵称以"A"开头。以前有很多微商为了让自己的微信名排在他人的微信通讯录的前面，而将微信昵称设置为以"A"开头的昵称。如今，大家只要看到以"A"开头的微信昵称，就觉得多半是微商，容易产生反感。

第二个坑：微信昵称以手机号码结尾。我们一看到以手机号码结尾的昵称，第一反应是"这是位销售"，容易让对方产生防备心理。实际上，客户想要联系我们，可以发微信留言，也可以通过微信进行语音或视频聊天，我们没必要非将手机号码加在微信昵称里。

第三个坑：微信昵称里带图案。例如花草、动物、爱心、五角星等图案，虽然看起来很活泼，但是客户记不住。当客户想要搜索你的微信名时，更是无从下手。

第四个坑：英文名。起英文名有两个问题：第一个问题是不容易记住，例如"Jack""Ben"这种简单的名字虽然好记，但容易与他人重名，而复杂的英文名则很难被记住；第二个问题是很多英文名的发音比较复杂，如果客户连你的名字都叫不出来，这在无形中一定增加了沟通的难度。

第五个坑：微信昵称中含有繁体字。问题同英文名，不便于记忆，不便于读，不便于搜索。

第六个坑：微信昵称中含有生僻字。同样不便于记忆，不便于读，不便于搜索。如果是真实姓名就含有生僻字的朋友，完全可以给自己取一个简单好记的微信昵称。

以上六个坑，你中招了吗？

第七章
价格：报价、定价和让价策略

第七章 价格：报价、定价和让价策略

本章导读：

报价是一门艺术，很多销售人员不懂得如何报价，总是陷入被动杀价的境地。

不要报"裸价"。

公司应该给员工一个"守住价格底线"的理由。

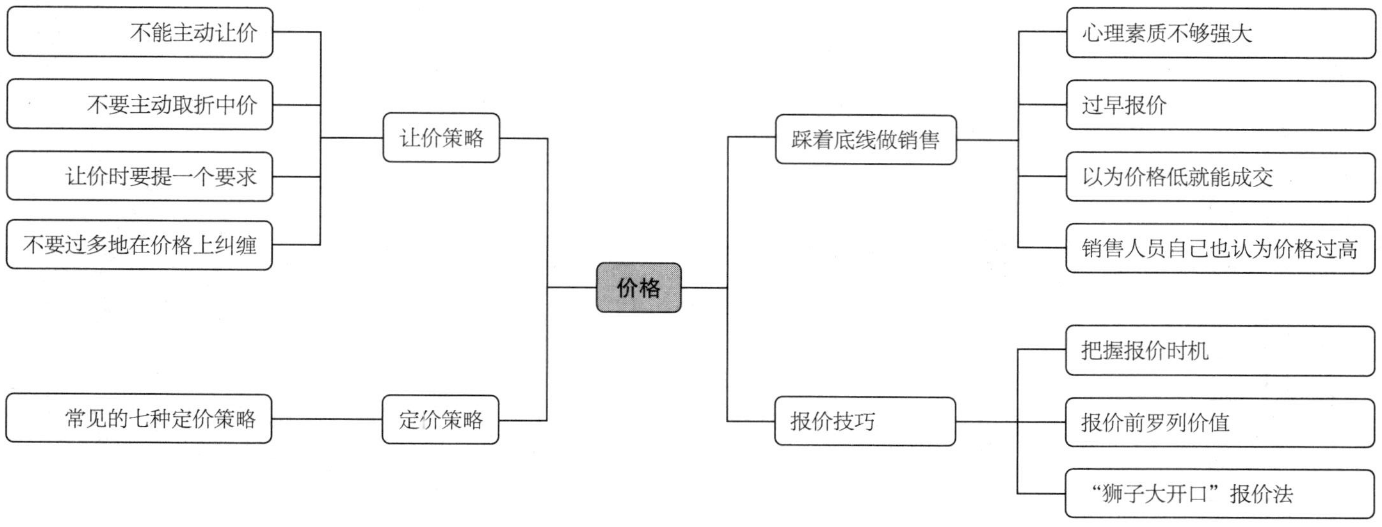

学习目标：

1. 理解常见的报价误区；
2. 掌握报价技巧；
3. 理解定价策略；
4. 掌握让价策略。

```
                    ┌─ 心理素质不够强大
                    ├─ 过早报价
          踩着底线做销售 ─┤
                    ├─ 以为价格低就能成交
                    └─ 销售人员自己也认为价格过高
    价格 ─┤
                    ┌─ 把握报价时机
          报价技巧 ──┼─ 报价前罗列价值
                    └─ "狮子大开口"报价法

                    ┌─ 不能主动让价
                    ├─ 不要主动取折中价
          让价策略 ──┤
                    ├─ 让价时要提一个要求
                    └─ 不要过多地在价格上纠缠

          定价策略 ─── 常见的七种定价策略
```

155

报价是一门艺术。在整个销售过程中，报价是非常重要的一个环节，因为在谈判过程中，客户非常关心价格，如果你不采取一些策略，会很容易陷入非常被动的境地。

一、踩着底线做销售

我们要思考一个问题：为什么很多销售人员只能按照公司的底价签约，甚至还得想方设法申请更低的价格呢？根据笔者多年培训和辅导的经验，找到以下因素：

1. 心理素质不够强大

征战多年的资深销售人员都知道，与客户谈判其实就是打心理战，是心理上的博弈。如果你的心理素质不够强大，或者手头储备的订单比较少，特别在乎眼下的这笔生意，那么你就会从谈吐中透露出你的心理渴望，让客户牵着鼻子走。你越着急，就越容易受人牵制。相反，客户越着急，你就越有主动权。

要想在谈判中掌握主动权，首先要从心理上战胜自己，一方面要以正常的心态面对每一笔订单，另一方面要增加储备的准客户数量，这单不成还有其他订单等着你去谈，那么你在谈判中就会很有底气。

当然，谈判的心理是需要通过多次"战役"锻炼出来的，谈多了心态自然会更好。你还记得自己第一次和客户谈判的感觉吗？是不是无比紧张，生怕自己出错而丢单，恨不得领导坐在旁边鼎力相助呢？

2. 过早报价

这是销售谈判中的大忌。一旦过早报价，就会引导客户把注意力集中在价格上。往往价值越高的产品，价格也越高。如果你没有把价值充分地展现出来，那么价格就一定是你的劣势，容易被那些销售低质廉价产品的竞争对手比下去。如果你遇到的竞争对手更懂得展示价值，再加上他们的价格比较有优势，你就会陷入非常被动的局面。

所以，不能过早报价。在绝大多数情况下，我们需要遵循"三不报价"原则。

（1）电话和微信里不能报价

如果在电话里报价，一旦客户觉得价格高了就会马上挂断电话，你就再也没有争取的机会了。在你没有做价值陈述之前，客户都会将自己听到的价格与他曾经接触过的最低价格去比较，所以尽量不要在电话里报价。应对电话询价的话术上文已有叙述，这里不再赘述。

此外，在微信（或其他网络沟通工具）中也不能报价。客户喜欢在还没有和你见面之前就询价，你一旦通过微信报了价，客户只要觉得贵就会给你的产品贴上高价的标签，根本就不会给你解释的机会。另外，一旦你在微信中报了价，有些客户会将与你的聊天记录截屏发给其他供应商，以此作为砍价的筹码，你的报价就沦为了别人的谈判工具。应对微信询价的话术和应对电话询价的话术差不多，可以参照操作。

（2）客户不了解产品价值不能报价

如果客户对你的产品价值还不够了解，你一旦报价，客户就会只关注价格了，所以报价这个步骤必须在你对产品进行说明之后进行。也就是说，成功地塑造了产品的价值之后，你才能报价。

（3）不了解客户预算不要报价

了解了客户的预算后，报起价来是不是更有针对性呢？是的，但实现这一条件，相对比较困难，因为客户通常不会把预算直接告诉你，而你可以采用一些策略去预估客户的预算，例如：

① 从客户的企业规模和以往的采购订单来判断客户的采购预算

② 使用封闭式提问技巧

对于第二个策略，如果直接问客户预算是多少，客户肯定不会直接告诉你，但你可以使用一定的提问技巧，即封闭式提问技巧——要想得到一个正确的答案，先给出一个错误的答案。

情景模拟①

销售员："哦，对了，看来你们这次采购规模挺大的，估计预算肯定也不少，得有100万吧？"

客户："100万？哪有那么多！最多50万。"

情景模拟②

销售员："我听说贵公司对培训每年都有预算，而且每年都有增长，今年应该有30万吧？"

客户："今年不止，光上半年就已经花了30万了，估计今年至少要超过50万。"

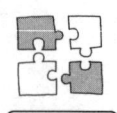

情景分析

以上两个情景模拟是通过给答案式提问技巧来了解客户的预算。如果用封闭式提问技巧去了解客户的预算，需要先"破冰"，彻底解除客户的心理防备后才能在客户不设防的时候突然提问。当然，封闭式提问技巧也不是百试百灵的，但如果不试试，你又怎么知道客户愿不愿意告诉你呢？

3. 以为价格低就能成交

这一点是很多销售人员都普遍存在的心理，其实并不是只要价格低，客户就愿意与你成交。请记住，如果你再三再四地帮助客户降价，客户会认为你的产品含有"水分"，甚至价格还能再低点，即使你已经为客户申请了底价。客户可能还会认为从其他渠道可以购买到更低价的产品，这样就非常不利于成交了。

4. 销售人员自己也认为价格过高

这也是个普遍存在的问题。一些销售人员因对自己企业的产品的价值了解不够，再加上不断遭遇更低价格的同行竞争，同时又被客户洗脑，会觉得自己企业的定价确实过高，给自己的业务带来很大阻力。如果销售人员自己都认为产品价格过高，在与客户谈判的时候就很容易被客户说服，与客户一起讨价还价。

对于以上这些问题，销售人员需要努力克服，从自身找原因，要充分了解自己企业的产品价值并更恰当地做产品说明。

另外，作为企业来讲，一方面要给销售人员做好产品知识的相关培训，一方面要设计一些合理的奖励措施，给销售人员一个守住价格底线的理由。

案例：踩着底线做销售

我们在为一家进口瓷砖销售公司做全年辅导的时候，发现该公司的销售人员总是以最低价格成交的问题，甚至还以客户购买量大为由向公司申请更低的折扣。这不仅让公司损失了不少利润，还滋生了很多内部矛盾。

该公司给销售人员的价格权限是阶梯式的：普通导购员有打9折的权限，店长有打8.5折的权限，总监有打8折的权限。

这个价格权限的设置是不是还不错？但问题来了，最终成交的订单大部分都是以8折的价格签订的，只有不到10%的订单是以8折以上的价格签订的。也就是说，该公司的大部分销售人员都只会踩着底线做销售。为什么会这样呢？一方面是因为销售人员有业绩考核压力，迫切想签单，另一方面是因为销售人员缺少谈价格的理由。

针对这一情况，我们为该公司设计了一个奖励机制：

凡是按8折以上签单的，超出部分的40%的利润归销售人员个人所有，提成照拿；8折签单的，销售人员只拿提成，没有分成；低于8折签单的，销售人员的提成减半。

比如说一个10万元的订单最终按9万元成交，那么高出8折部分的40%，也就是1万元的40%，即4000元是额外奖励给销售人员的。

自从这个奖励机制实施以后，超过一半的订单都是9折以上成交的，大家都想方设法守住价格底线，而用产品价值去说服客户。销售人员的业绩不断上升，很多销售人员拿到的分成奖励几乎与提成相当了。

最终的结果就是公司、销售人员和客户三赢：公司赢得了更高的净利润，销售人员赢得了更多的奖励，而客户也赢得了信任和安全感。

案例分析　这个奖励机制很受该公司的欢迎。自从在这家公司试验成功后，我们在很多其他公司都进行了推广，效果非常理想，但需要注意的是，这个销售奖励机制必须得到公司管理层的认可才能顺利实施。

二、报价技巧

首先介绍一种错误的报价方式，即"报裸价"。所谓的"报裸价"就是直接报价，在客户对产品价值一无所知的情况下直接告诉客户价格。这样的报价是没有任何价值优势做为支撑的，客户很容易觉得产品贵。

那么正确的报价方式是怎样的呢？

1. 把握报价时机

上文曾说过，报价不能过早，那么到底什么时候可以报价呢？

（1）把产品的价值完全讲透后

把产品的价值全部介绍给客户，并且把其他一切问题全部解释透彻，除价格外，客户再也没有任何疑问，这时才是报价的最好时机。不然，等你的价格报完了，客户又有很多其他问题冒出来，并以那些问题来要求你降价，你就非常被动了。

（2）介绍完产品后客户主动询价时

当你介绍完产品后，客户主动询价，说明客户对产品已经很感兴趣了，这时是可以报价的。

（3）了解客户的购买价值观后

如果能预先了解客户的购买价值观会事半功倍。购买价值观通常有两种：

① 求值型——追求较高的品质

追求较高的品质一般是优质大客户的追求。对于求值型客户，销售人员可以为客户推荐高品质的产品，并在合理的范围内把价格报得稍微高一点。

② 求价型——追求较低的价格

如果确定对方是求价型客户，销售人员一开始就得把价格报得低一些，否则高价可能会把客户吓跑。很多大客户的采购量较大，在单价上的一点点差别积累起来，在总价上都是一笔不小的费用，所以这些客户会很在意价格。

（4）了解客户预算后

前文曾说过，不了解客户预算最好不要报价。在报价之前，销售人员最好能了解客户的真实预算，这样销售人员的报价才能正好是客户能够承受的。这样一来，销售人员能赚取最大的利润，客户也能欣然接受。

但是，如果你的优势是价格，客户的企业走的是低价跑量的策略，那么你就应该尽早报出你的价格，因为在众多竞争对手中，价格是你的绝对优势。

2. 报价前罗列价值

既然不能"报裸价"，那么销售人员就应该把价格包裹起来。用什么包裹价格呢？那就是价值！

这里可应用报价经典技巧之**"三明治"报价法**：

第一步，简单罗列产品的核心价值；

第二步，报价；

第三步，详细介绍产品的价值。

情景模拟 ①

客户："这款气动液压泵的价格是多少？"

销售员："这款气动液压泵是我们销售得最好的产品，采用的是德国技术，用空气驱动，特别适用于防爆领域。目前的价格是4500元，比德国全进口泵要便宜20%，而且便于安装，维护成本低，保压时介质不会产生过热现象。请问您这次打算采购多少台？"

客户："10台就够了。"

情景模拟 ②

客户："这套房子一平方米多少钱？"

销售员："先生，您的眼光真好！这是我们整个楼盘的楼王！无论采光还是风水，这套房子都是绝佳的。开盘价要两万，目前优惠售价是1.8万元，而且我们楼盘的地理位置您也是知道的，离湖边只有10分钟的路程，旁边就是地铁站，小学和中学的学区也是数一数二的，往前走两个路口就是商业中心。现在别墅是稀缺资源，买到就是赚到！"

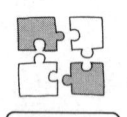

情景分析

无论销售人员之前已经做了多少详细的产品说明，还是要把产品的核心价值先铺垫一下再报价，并于报价后静观客户的反应。

记住，客户永远最终只为价值买单。如果客户认为产品是有价值的，那么价格就不是问题；如果客户觉得产品没有价值，那么再低的价格客户都会嫌贵。

微博上有一个热门话题——#当代年轻人消费观#，网友们的回答很好地解释了这个道理。

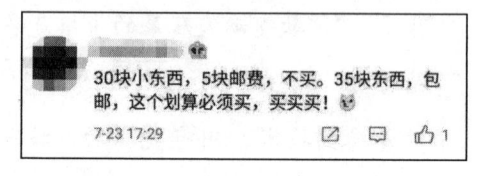

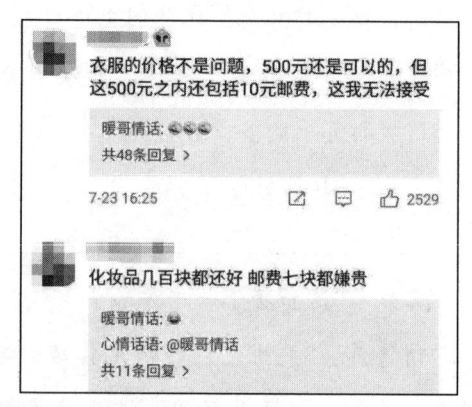

> 30块小东西，5块邮费，不买。35块东西，包邮，这个划算必须买，买买买！
> 7-23 17:29　　　　　　1

> 衣服的价格不是问题，500元还是可以的，但这500元之内还包括10元邮费，这我无法接受
> 暖哥情话：
> 共48条回复 >
> 7-23 16:25　　　　　　2529

> 化妆品几百块都还好 邮费七块都嫌贵
> 暖哥情话：
> 心情话语：@暖哥情话
> 共11条回复 >

3. "狮子大开口"报价法

如果你有一定的价格权限，同时你也了解客户是求值型大客户，那么第一次报价就可以在合理范围内尽量报高一点，这就是所谓的"狮子大开口"报价法。

"狮子大开口"报价法的优点是：

（1）可以适当抬高报价

假设你从来没有买过奶粉，对奶粉的品牌一无所知，突然你的一位同事生了小孩，你要买一些奶粉去看望她。当你面对超市里琳琅满目的奶粉品牌时，你会选哪一种呢？答案可能是价格高的，对吧？因为你认为价格高的通常都是品质好的。

对待客户也是如此，如果你的价格报得过低，即使产品品质再好，客户也会对其产生怀疑。

（2）为让步留空间

如果你的客户是谈判高手，你不报得稍微高一点，一旦客户和你砍起价来，你就会很被动。有时客户要的不是"便宜"，而是"占便宜"。如果你能降一点价格，客户就会觉得自己赚到了，可能会马上与你成交。

三、定价策略

定价是企业行为，需要企业管理层多多学习。

很多企业对产品的定价都是"拍脑袋"决定的。企业通常会以两个信息作为定价的依据：一个是成本，一个是市场行情。但这样的定价模式不一定符合产品销售，因为每一家企业的产品都有各自的特点。有些产品定位是面向高端客户，那就需要高价销售；有些产品定位是面向低端客户，那就需要低价销售。另外，同一个系列的产品也需要有价格差异，让客户自己选择适合的价位的产品。

定价是一门学问，下面介绍几个定价策略供大家参考。

1. 成本定价

这是最基础的定价策略，即按照产品的成本，加上毛利润进行定价。

2. 行情定价

根据成本，结合目前市场上同类产品的定价，取一个中间值进行定价。

3. 按量定价

这个方法适合走渠道的批发型销售，比如批发10万件商品的价格为3元/件，批发20万件以上的商品的价格为2.5元/件，批发30万件以上的商品的价格为2元/件。

4. 组合定价

为客户设计一定的套餐组合，比如单买一张三人沙发价格为5000元，单买一张茶几价格为2000元，如果沙发和茶几一起买，只要6000

元。也就是说，买得越多，价格越优惠。

5. 高价策略

通过增加营销方式，提高包装质量，适当上浮价格，客户购买的不仅是产品的价值，还有"高大上"（高端、大气、上档次）的品位。这种高价策略主要适用于茶叶、酒、珠宝等类型商品的销售。

6. 低价策略

低价策略是把客户最常买的产品的价格降到成本价，甚至比成本价还要低，以吸引顾客前来购买，再推荐客户购买其他产品，并从其他产品的销售中获利。

比如一些大型超市经常会以低于市场价一半的价格销售鸡蛋并限量购买，这样会吸引很多顾客前来排队购买，一方面增加了超市的人气和客流量，另一方面也提高了超市的利润。这是因为，来超市购物的顾客不会只买鸡蛋，来了一趟肯定会再买点其他商品带回家，那么超市的销售业绩就会随之上升。虽说超市牺牲了鸡蛋的利润，但换来其他商品的利润及超市的人气和客流量，这笔生意还是比较划算的。

再比如，很多餐馆都有"每日特价菜"，也是一样的道理。餐馆每天将一两个热门菜设置为特价菜，通常价格为平时菜价的一半或者更低，那么碰到特别喜欢吃这道菜的顾客，就很容易吸引他们进店吃饭。而且这些顾客不可能只点特价菜，还会点些其他的菜，那么餐馆就不仅收获了客流量，还收获了利润（用其他菜的利润弥补特价菜的损失）。

因此，企业完全可以将一部分成本较低的产品以低价抛售的方式来吸引人气，以带动其他产品的销售。

> **案例**
> 预算100万元，实际280万元

傅一声老师曾经投资了一家装修公司，开业的第二个月就遇到了一个大订单，一个客户有个近500平方米的别墅需要装修。面对这个大客户，傅一声老师决定亲自接待。

通过交谈，傅一声老师了解到客户出身于农村，大学毕业后自己白手起家开始创业，如今30岁买了别墅，不求装得太奢华，只希望温馨舒适，但对价格比较在意。其他装修公司报出的价格都在200万元～400万元，光设计费就要5万元～10万元。傅一声老师了解了客户的心理，根据客户的期望，设计出非常实在、省钱的方案。

以瓷砖为例，在傅一声老师的设计方案中，客厅等地方的材料使用高档的大品牌瓷砖，不常使用的区域和卧室里使用性价比较高的瓷砖，储藏间则使用最廉价的瓷砖。仅瓷砖的材料费用这一项，其他装修公司的报价为30万元左右，傅一声老师报出的价格为12万元。傅一声老师对这套别墅的总体报价也只有100万元，最后傅一声老师成功地签下了这笔大订单。

别墅的装修周期比较长，在装修过程中，客户的想法经常会发生改变。客户的公司发展得越来越好，加之看到附近的别墅装修得非常奢华，于是自己也将装修材料用得越来越高档，装修工艺的要求也越来越高。最后，整套别墅装修下来，客户总共花了280万元，还很高兴。

第七章 价格：报价、定价和让价策略

案例分析

在这个案例中，傅一声老师就是根据客户的心理使用了低价策略，用比较实在的方案签下了客户。其他装修公司为什么不肯这么做呢？因为他们好不容易碰到一个大客户，想要大赚一笔，并且想当然地认为买别墅的客户都是"土豪"，不差钱。但是傅一声老师则用很诚恳的低价签下了客户的订单，而别墅装修周期较长，随着客户自己主动改变对装修材料和工艺的需求，客户反而高兴、主动地增加了装修的预算。

7. 差异化定价

这种定价策略旨在给客户更多的选择，即在同一类产品中区分出三款不同的类型，并分别定以高、中、低的不同价格。当然，销售人员也要让客户清楚不同定价的产品有何区别，让客户根据自身情况做出最适合自己的选择。这样做一方面可以提高成交率，另一方面可以增加总的销售额。

案例 低、中、高配置

早年，福特公司的每一款车型都会为顾客提供高配和低配两种选择。几年以后，福特公司发现，顾客选择低配和高配的比例大约各占一半。后来，销售部门提出建议，把同一款车型分为低、中、高三种配置供顾客选择。福特公司保持原来的低配不变，把原先的高配改称中配，再设计一个更高的配置，称为现在的高配。

经过一年的销售，福特公司发现，原本低配和高配对半分的销售比例变成了低配占10%、中配占70%、高配占20%。也就是说，原来的高配（现在的中配）从50%的销售占比一下子提升到了70%！如此一来，仅仅增加一个更高的配置选择就大大地提高了福特公司的销售额。

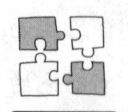

案例分析 这样的销售模式已经出现在很多行业中，比如保健品、汽油、家用电器、食品行业等。

人们在面对两个选择时，会根据自己的消费能力做出选择，最终的销售比例可能是对半分。但当面临低、中、高三种选择时，人们往往会折中选择中间的，因为人们会觉得太低的配置降低了身份，太高的配置又没有必要。

再比如，当手机内存只有32G和64G可以选择的时候，两种内存的手机的销量基本各占一半。当手机内存有了32G、64G、128G三个选择的时候，人们就倾向于购买居中的64G内存的手机。

所以，在设计定价策略的时候，最好将同一款产品设计出三个档次供客户选择，这样不仅能提高成交率，还能增加销售额。当然，档次也不能太多，否则会让客户产生选择性障碍，反而会减少成交率。

四、让价策略

1. 不能主动让价

我们都知道，我们中国人有着勤俭节约的传统美德，买东西有砍价的习惯。所以，如果你有一定的价格权限，那么在报价的时候最好给自己留出降价的余地。但是，即使你有权限，也不能过早地告知客户，也就是说不能主动让价。**即使要让价，也不要自己让，要请你的上级经理来让。**如果在你的店里谈单，你可以直接请出你的上级经理与客户谈判，让你的上级经理出面让价。如果在客户的公司里谈单，你的上级经理不在现场，你可以通过打电话的方式寻求上级经理的帮助。

另外，当客户要求你价格再低一些时，你要询问客户想低多少，让客户说出自己的心理价位。或许大部分客户不会直接告诉你他的心理价位，但你不问的话就失去了一次绝好的机会，万一他愿意说呢？

大家读到这里估计有疑虑了：让客户说价格，如果他说了个很低的价格怎么办？那你也得让客户说，因为只有客户说了自己的心理价位之后，你才可以根据这个价格寻找下一步的应对策略。

案例 高出预期

十多年前，大嘴老师刚做培训的时候，朋友介绍了一家客户，该客户需要为期两天的销售培训课。大嘴老师了解到客户所在的企业实力比较强，于是大嘴老师报了一个正常的3万元的市场价，客户立刻反馈价格太高了。大嘴老师问客户的心理价位是多少，客户犹豫了一下说："2.6万元行不行？"说实话，这个价格竟然比大嘴老师的心理价位还要高，大嘴老师的底线价格其实是2万元。大嘴老师暗自窃喜，没有马上同意，经过一番商谈，最后以2.6万元的价格成交，明显高出大嘴老师预期的价格。

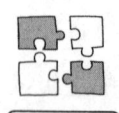

案例分析

如果让10个客户说出自己的心理价位，可能有6个客户不愿意说，而让你说，有3个客户说出了一个极低的价格，还有1个客户说出了超出你预期的价格。但如果你连问都不问的话，或许就错失了这十分之一可以获取高收益的机会。

2. 不要主动取折中价

举个例子，假如你的产品的批发价是10元，客户还价到8元。你心里可能觉得9元肯定就是成交价了，于是你就主动地报出了9元的价格。但大多数情况下，这笔订单最终都不会以9元的价格成交，因为大多数客户要么会坚持8元的价格，要么顶多接受8.5元的价格。

因此，千万不要主动取折中价，即使客户的还价已经在你的承受范围之内了，你也要再争取一下。

第七章　价格：报价、定价和让价策略

情景模拟

客户："批发价是多少？"

销售员："买得多的话，批发价是10元。"

客户："太贵了！隔壁那家才卖8元。"

销售员："8元连成本都收不回来。要不这样，既然您诚心要，那就9.5元吧。"

客户："最多9元，不然就算了。"

销售员："好，那必须购买量大才行。"

情景分析

这里只模拟了一个情景，在实际的大客户营销中，谈判更加复杂，但不管过程多么复杂，你都不要主动取折中价。即使要这么做，也要让客户先提出折中价，你再争取往上加价。

3. 让价时要提一个要求

这是谈判技巧中最关键的部分，一旦把握不好，客户可能就跑了。先给大家分享一个真实的案例吧。

案例　一让再让

小陈在跑市场的时候得到一个信息，一家工程机械租赁企业需要购买5台挖掘机，于是小陈前去洽谈。客户对小陈的机器还挺满意，就是觉得价格有点高。小陈很实在，给出了一个自己的权限内的最低价格。客户还说贵，问小陈能不能赠送一年的免费保养。小陈觉得客户一下子采购5台机器是笔大买卖,而且当时他的销售业绩也不理想,就答应了客户的要求。过了一周后,客户还没有签单的消息,小陈就主动去询问。这时客户又提了个要求,希望购买每辆挖掘机能赠送两桶机油。这也不是小数目了,因为总共要赠送10桶机油。于是小陈又向公司申请,最后公司也答应了。但客户依然没有签单,客户又提出了新的要求,即每辆挖掘机的柴油箱必须加满柴油。小陈请示领导后,公司又勉强同意了客户的这个无理要求。过了一周后,小陈得到一个坏消息,那就是该客户已经订购了同行竞争对手的挖掘机。

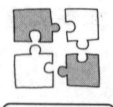

案例分析

这个案例是个惨痛的教训,失败的原因主要是销售员小陈在退让的时候并没有主动提出要求,导致客户总觉得价格还能再低一些,还能获赠一些服务或产品。

所以,让价是可以的,但让价时必须要提一个要求,这个要求不是真正为了满足要求本身,而是让客户觉得这个价格已经很低了,以免客户提出更多无理的要求。

4. 不要过多地在价格上纠缠

客户最喜欢谈价格,因为他们总希望花更少的钱。一旦价格谈妥了,你就要懂得立刻转移话题,否则说不定客户会出尔反尔。

这里的基本话术是:"顺便问一下……""哦,对了……"

第七章　价格：报价、定价和让价策略

转移到什么话题上比较合适呢？答案是：**转移到成交以后才要讨论的话题**。

这样做一方面可以把价格这个话题转移掉，另一方面可以引导客户进入成交环节。

如果客户愿意接你的话题，说明客户内心对价格已经认可了，你就可以进入成交环节了；如果客户不愿意接你的话题，说明客户对价格还是有顾虑的，你必须回到价格这个话题，直到客户认可为止。

哪些属于成交以后才要讨论的话题呢？比如说付款的方式、如何开发票、发货时间和送货地点、运输方式、产品包装、项目实施的具体流程、由谁负责对接等。还有一个关键的话题就是售后，只要客户提出关于售后的某个话题，你都可以直接进入成交环节。关于这点，我们在最后一个章节里还会详细讲述。

【情景模拟】

销售员："哦，对了，请问您对发货时间有要求吗？还有发货方式和送货地点呢？"

销售员："顺便问一下，您对产品包装有特殊要求吗？"

销售员："哦，对了，关于售后服务我还要向您做一个详细的介绍……"

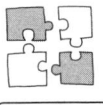

【情景分析】当价格谈妥后，你就可以用上述类似的话术去引导客户转移话题了。请记住，所有关于售后的话题都属于成交以后要讨论的话题。

【本章作业】

1. 练习"三明治"报价法，选择一款产品撰写报价话术：

   第一步，简单罗列产品的核心价值；

   第二步，报价；

   第三步，详细介绍产品的价值。

2. 观察不同饮料的定价策略。

3. 观察直播带货的报价策略。

【微营销小技巧7】如何取一个好的微信名

在上一章的微营销小技巧中我们谈到了微信昵称的"六个坑"，那么如何取一个好的微信名呢？

教大家一个万能的公式："昵称+标签"。

昵称是别人对我们的称呼，标签是我们的身份，这样他人就可以通过微信名知道我们是谁，我们是做什么的，我们有什么价值。

例如傅一声老师的微信名为"傅一声|新媒体营销培训师"，陌生人一看就知道这个人叫傅一声，职业是培训师，而且是主讲新媒体营销的培训师。

其实傅一声老师的真实名字叫"傅建忠"，大家可以在百度百科上搜到，"傅一声"只是一个笔名或昵称。请问读者朋友，你觉得"傅建忠"和"傅一声"哪个名字更好记呢？显然是"傅一声"。

很多销售冠军都有一个好记的昵称或外号，我们辅导的一家生物科技公司的销售冠军叫花花，一家地砖销售公司的销售冠军叫甜甜，一家台资企业的销售冠军叫酸酸，还有一个做微商做得非常成功的女士叫娜姐。明星就更不用说了，王菲、成龙、刘德华等都是艺名，不是本名。

除了这些，又该怎样定一个合适的标签呢？

好的标签能够通过简单的几个字让人一眼看出你是干什么的。

例如：

丽丽｜皮肤管理顾问

毛胡子｜资深家装设计师

梁子｜家庭理财专家

苹果阿姨｜青少年心理辅导专家

赶紧为自己取一个好听又好记的微信名吧！

第八章
谈判：消除客户抗拒

第八章 谈判：消除客户抗拒

学习目标：

1. 理解客户拒绝背后的原因；
2. 理解并懂得分析客户的抗拒；
3. 掌握"扁担法则"。

本章导读：

客户为什么不肯成交？因为还没有消除抗拒。

说出来的抗拒其实都不是真正的抗拒，沉默才是最难消除的抗拒。

"扁担法则"的核心：先认可客户，再让客户认可你。

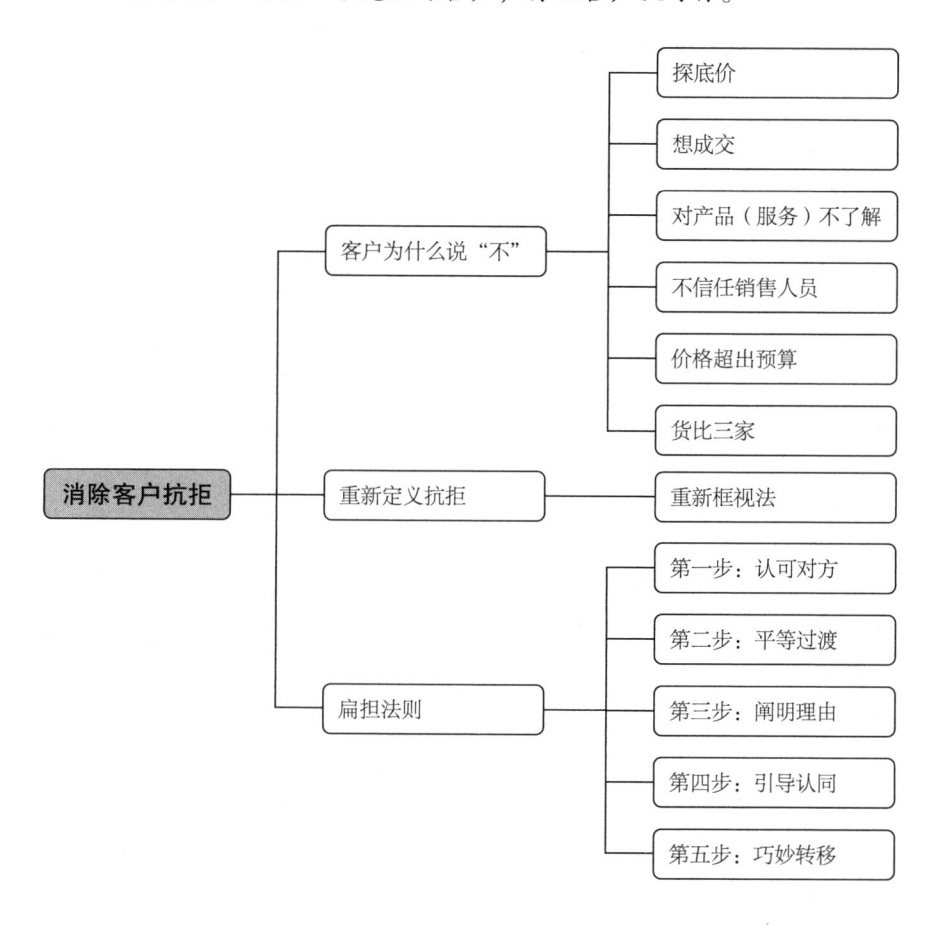

```
消除客户抗拒 ─┬─ 客户为什么说"不" ─┬─ 探底价
              │                    ├─ 想成交
              │                    ├─ 对产品（服务）不了解
              │                    ├─ 不信任销售人员
              │                    ├─ 价格超出预算
              │                    └─ 货比三家
              ├─ 重新定义抗拒 ──── 重新框视法
              └─ 扁担法则 ─┬─ 第一步：认可对方
                          ├─ 第二步：平等过渡
                          ├─ 第三步：阐明理由
                          ├─ 第四步：引导认同
                          └─ 第五步：巧妙转移
```

大客户谈判常常十分艰难而漫长，尤其对于采购量比较大的大客户，销售人员需要更多的耐心与毅力和客户周旋。所谓的谈判技巧，不只是成交技巧，更多在于如何把客户的无数个抗拒和顾虑一个一个消除。只有当客户的抗拒和顾虑完全被消除后，才能进入成交环节。

简而言之，谈判的核心或谈判的关键环节就是令人揪心的消除抗拒了。

一、客户为什么说"不"

客户为什么不肯成交？这是因为客户心中还有抗拒和顾虑没有被完全消除。从事销售工作多年的老同志都有这样的经验：一旦客户把内心的想法说出来了，就表示客户对你的产品是感兴趣的，客户是想成交的。因此，说出来的抗拒其实都不是真正的抗拒。最难应付的客户往往是那些沉默的客户。他们不愿多说，只会默默走开，难以挽回，除非客户经过大量对比后回心转意，觉得还是你的产品比较好。

案例 隐性抗拒

小顾是一家国际货运公司的销售员，经朋友介绍认识了一个潜在客户。小顾到客户的公司拜访，一直在讲自己公司的航线优势，希望客户能尝试与自己合作，但客户始终都没表态，只是问了几个常规航线的报价，没说贵，也没说不贵。时间差不多了，就很客气地把小顾送走了，而且还明确说不可能合作，希望小顾不要再来了。

第八章 谈判：消除客户抗拒

回来后，我们带领小顾分析这笔业务失败的原因。小顾认为是公司的航线没有优势，而我们认为，如果客户觉得航线贵，当时就会提出来，所以我们觉得这其中肯定另有原因。于是我们让小顾再去公司了解情况，后来才得知该客户拒绝的真正原因是该公司的另外一位经理已经看中了另外一家合作对象，而他不希望引起公司的内部矛盾，所以并不是价格的问题。

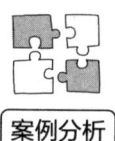

案例分析 从以上这个案例中我们可以发现，这位客户一开始就属于沉默型的，当我们无法得知客户抗拒的理由的时候，谈判就很难继续进行下去。

客户为什么拒绝我们？为什么对我们说"不"呢？

客户说"不"通常有以下6个原因：

1. 探底价
2. 想成交
3. 对产品（服务）不了解
4. 不信任销售人员
5. 价格超出预算
6. 货比三家

下面让我们逐一分析这些原因。

1. 探底价

客户拒绝你，说你的价格太贵了，其实是想通过不断的讨价还价来判断你的底价到底是多少。所以，讨价还价的真实目的是探底价。

2. 想成交

客户明明想成交，为什么还要拒绝你呢？原因很简单，客户只是想继续讨价还价而已。而作为销售人员的你，一定要准确地判断出客户的这个心理，并采取一定的策略去应对。

3. 对产品（服务）不了解

这里说的不了解是指客户对产品或服务的价值不了解。客户花钱购买的不是产品本身，而是可以给客户带去的价值。如果客户对产品或服务的价值不了解，不知道为什么值这个价格，客户当然要说"不"了。

4. 不信任销售人员

大客户成交有四大关键因素：需求、购买力、决策和信任。其中最关键的就是最后这个"信任"。不成交是因为客户的抗拒和顾虑没有被挖出来，那么客户为什么不把内心中真实的抗拒和顾虑告诉你呢？一方面可能是你的产品和服务还不够吸引客户，另一方面可能是客户还不够信任你。当然，也有可能是客户自己也知道他的抗拒和顾虑是你解决不了的，所以还不如干脆不说。

5. 价格超出预算

与一些大企业合作，你一开始接触的通常都是该企业的采购经理，他们只能遵从企业的采购要求，预算也就那么多。所以，如果你的产品超出了他们的预算，他们就只能拒绝你了。在这种情况下，你要么需要更换产品和报价，要么就只能说"下次再合作"了。

6. 货比三家

有时，客户已经有了稳定的采购渠道和合作伙伴，而为了了解市场行情，客户会再找几家进行对比。在这种情况下，如果我们的产品和服务与客户原先的合作伙伴提供的差不多，我们就只能成为别人的对照组。

二、重新定义抗拒

为什么销售人员无法应对客户的抗拒呢？其实是因为销售人员不知道客户背后真正的意图是什么。大部分客户嘴上说得很坚决，其实内心是希望销售人员说服他的。

我们来模拟两个场景：

第一个场景是有一天你去商场买衣服。你看中一件衣服，一看标签上价格有点高，再看看衣服觉得颜色有点老气，这时你可能会对销售员说："这件衣服的颜色有点老气，而且价格还这么高！"虽然嘴上这么说，但其实你内心深处希望销售员告诉你"这个颜色一点都不老气，甚至是当下的时尚流行色，而且价格一点也不贵，如果昨天来买要花一倍的钱"。想一想，是不是这样？但很多销售员听不懂你的潜台词，或者无法理解问题背后隐藏的问题，于是摆出一副爱买不买的姿态，直接把顾客放走了。

第二个场景同样是在商场买衣服。你发现一件衣服面料很薄，颜色很老气，而且还有很多线头。再看看价格，远远地超出了你对这件衣服的价值衡量。这时你又会怎么说？大多数人会说："谢谢！我再看看别的。"然后就径直离开了。你会把内心的真实抗拒告诉销售员吗？不会，因为你心里已经决定放弃了。如果说出自己的真实抗拒，又要被销售员缠很久，所以不如不说，果断走人。

从以上两个场景可以得出一个结论：**客户说出来的抗拒其实是希望销售人员帮忙解决的，无论它听上去多么无理。**

如何去洞察客户真正的抗拒呢？我们需要掌握一项技能，那就是转化客户的问题。

这里先分享一个小故事。

一个午夜，一位年轻貌美的太太独自在家看电视。墙壁上的钟刚敲响12下，忽然门外的楼梯上传来一阵阵沉重的脚步声。太太惶恐不安，因为就在一年前，同样是午夜12点，楼道里也出现过这种脚步声，随后发生了一个让她终生难忘的恐怖事件——自家的房门被破开，冲进来一个满身酒气的流浪汉。

听上去是不是有点恐怖？

另一个故事同样发生在午夜12点，同样是一位年轻貌美的太太独自在家看电视，她同样听到门外沉重的脚步声，但年轻太太知道，这是丈夫的脚步声。她的丈夫是开出租车的，每天晚上12点准时回家，还经常给她带回她爱吃的夜宵。请问此时这位太太内心的感受又是怎样的呢？

以上两个场景看上去一样，但因为主人公过去的经历不同，她们的内心感受是完全不同的。这就是NLP的核心技巧之一——**"重新框视**

第八章 谈判：消除客户抗拒

法"，也叫"换框法"。意思是说，同样的事情，同样的遭遇，我们完全可以换一个角度、换一个思维去理解。

比如说我们最常听到客户说的抗拒"太贵了"，就完全可以换个角度去理解：

"太贵了"="为什么这么贵/为什么花这么多钱是值得的？"

由此可见，如果换个问题，我们就完全可以顺利地回答了。

再举几个常见的抗拒，并示范转化：

"没时间"="为什么我要花时间来接待你/花时间见你对我有什么好处？"

"我还要再和XX商量商量"="我为什么必须马上做决策/我现在决定购买对我有什么好处？"

"我考虑考虑再给你答复"="我为什么要马上决定购买？"

"不需要"="我为什么需要购买/我购买的好处是什么？"

"我们已经有合作伙伴了"="为什么我必须放弃其他合作伙伴而与你合作/我与你合作的好处是什么/我和其他合作伙伴合作的坏处是什么？"

"你们的产品质量太差了"="你们的产品质量好在哪里？"

"你们的服务太差了"="你们的服务好在哪里？"

"这颜色太深了，不适合我"="为什么颜色深反而适合我？"

"时间太长了"="为什么时间长反而更好/为什么时间长反而是你们的优势？"

总之，在尝试消除客户的抗拒之前，我们要懂得先把客户的抗拒转化成一个积极的、更适合我们回答的问题。当我们真正地学会了如何转化抗拒，消除抗拒也就变得非常简单了。

三、扁担法则

假设客户提出的异议或抗拒是A，我们想反对的理由是B，通常我们的做法是先否定客户的A，再让客户接受我们的B，但这样做的结果往往不太理想，因为没人愿意让自己的观点被否定。有的客户一旦觉得自己的观点被否定了，就会马上与销售人员站到对立面，接下来的沟通就很难达成共识了。

而采用扁担法则来沟通就能非常好地解决这个问题。

所谓的扁担法则指的是把客户的抗拒和我们提出的反对理由比喻成扁担的两端。要想把扁担挑好，两边的分量必须保持一致，即我们要认同客户的抗拒，同时让客户认同我们的反对理由，这样平衡就产生了，客户的抗拒也就不存在了。

扁担法则的核心是：先认可客户的A，再让客户同时认可我们的B，也就是"你说得对，而我说得也对"，A和B是平等一致的关系。我们完全没必要去否定客户的观点，只要让客户认同我们的观点就可以了。

扁担法则的具体操作流程如下：

第一步：认可对方（"是的"）

第二步：平等过渡（"同时"）

第三步：阐明理由（"因为……而且……所以……"）

第四步：引导认同（"您说对不对"）

第五步：巧妙转移（"哦，对了……"）

情景模拟

客户："你们的价格太高了！"

销售员："**是的**，通常客户在不了解我们的产品价值的时候都会觉得比较贵。**同时**您应该理解，**因为**我们的产品和其他品牌的产品相比，最大的优点就是在用料上，我们的原材料都是欧洲进口的，**而且**我们在售后服务上有长达两年的免费保修期，这是其他品牌的产品所没有的，正所谓一分价钱一分货，**所以**我们的产品其实是物超所值的，<u>您说对不对？哦，对了</u>，您的发票要怎么开？"

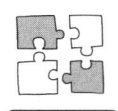

情景分析

这就是完全按照上述五个步骤来消除客户抗拒的一个典型话术：首先认可贵这个事实；接下来用"同时"过渡，注意这里千万不能用"但是"或"可是""不过"等转折语，因为你一旦这么说，前面的认可就被下意识地否定掉了；然后用"因为……而且……所以……"来阐述贵的理由；讲完理由再引导认同，这是心理学上的技巧，且如果你不去引导客户做出认同，等会儿客户还将再次提起原先的抗拒；接着是说"您说对不对"的时候，还要加上肢体语言，也就是要看着客户边点头边说，用肢体上的认可引导客户内心产生认同；最后，消除抗拒后，别忘了马上转移话题，因为如果你不把这个抗拒转移走，客户很可能还会就老问题跟你纠缠不清。

转移话题这个步骤也是很有讲究的，你需要利用心理学上的暗示技巧将话题转移到**成交以后要讨论的问题**上。

【本章作业】

1. 用"重新框视法"把自己最常遇到的5～10个抗拒做积极转换。
2. 使用扁担法则解决以上的客户抗拒。

扁担法则的实施步骤	具体话术
第一步：认可对方	
第二步：平等过渡	
第三步：阐明理由	
第四步：引导认同	
第五步：巧妙转移	

第八章　谈判：消除客户抗拒

【微营销小技巧8】如何激活朋友圈？教你设置"吐槽点"

在信息过剩的互联网时代，在朋友圈里做营销越来越困难了。我们微信里的好友越来越多，不熟悉的微信好友也越来越多，朋友圈里的广告更是铺天盖地，导致大家看朋友圈越来越不走心，甚至很多人连内容都没看就随手点赞，号称"点赞狂魔"。

在当前的朋友圈社交中，光有点赞，没有评论的朋友圈是不合格的，说明该动态缺乏让人值得评论的地方。

如何发朋友圈才能快速吸引人们的眼球，激发好友踊跃发表评论呢？

教你一招——设置"吐槽点"，激发好友评论的欲望。具体请看以下几种行之有效的方式：

1. 故意留错别字

下面是傅一声老师发的一个宣传"大嘴讲师堂"的广告视频，他在视频中的最后十秒钟处故意将字幕敲错，把"大嘴讲师堂"敲成了"大嘴讲师糖"，然后在朋友圈中请大家来挑错。该广告视频引发了62人评论，只有4人只是点赞，让朋友圈十分热闹。

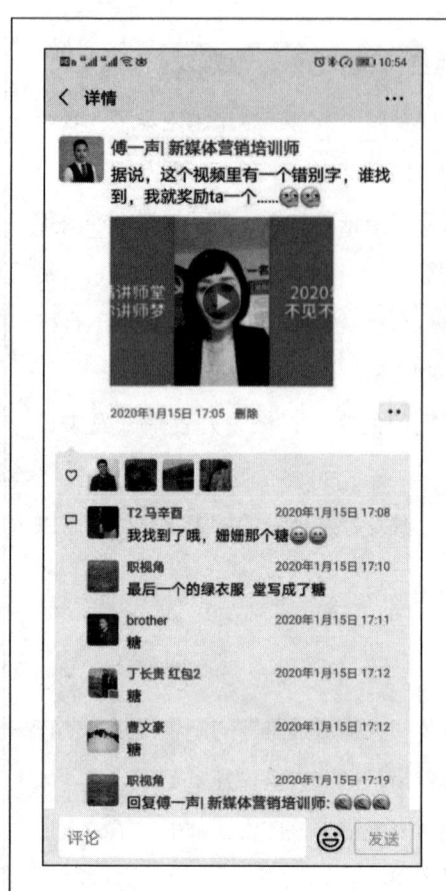

可见，在无关紧要的地方留错别字，发动大家来挑错，能够彰显人们的存在感和优越感，这是在互联网上激发活跃度的一个有效技巧。

2. 故意求助

傅一声老师下面的这条朋友圈"第一次做鸡蛋饼，已经调好了面粉，请问应该用哪个锅？在线等，急"引发了82条评论，朋友们纷纷在评论区支招，甚至还有人辩论起来了。

第八章 谈判：消除客户抗拒

> **傅一声 | 新媒体营销培训师**
> 第一次做鸡蛋饼，已经调好了面粉，请问应该用哪个锅？
> 在线等，急🔺🔺🔺
>
> [四张锅的图片]
>
> 2020年2月8日 08:48 删除
>
> ❤ [头像]
>
> 💬 [头像] 2020年2月8日 08:49
> 图二
>
> [头像] 王忠义 秋叶写作营 2020年2月8日 08:49
> 第二个😊
>
> [头像] 傅黛云 2020年2月8日 08:50
> 第一口
>
> [头像] 胡佳羽 2020年2月8日 08:50
> 图三和图四的锅有啥区别...
>
> [头像] 傅一声|新媒体营销培... 2020年2月8日 08:51
> 回复胡佳羽：火不一样

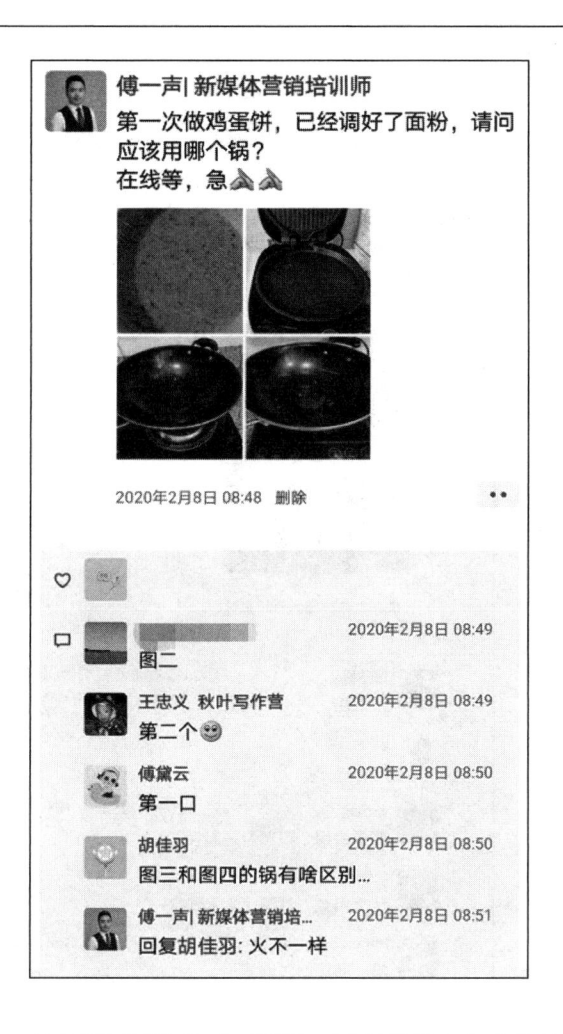

　　再看傅一声老师下面这条"万能圈，请问莴苣皮怎么搞掉？我用刮皮刀刮不动，菜刀一切就去了一大块。在线等，急！"更是引爆了朋友圈。有朋友教傅一声老师怎么削皮，有朋友嘲笑傅一声老师不会做饭，还有一些"段子手"说"我们都是生吃的""我都直接用牙啃""用油炸，外焦里嫩，肥而不腻"等，非常热闹。

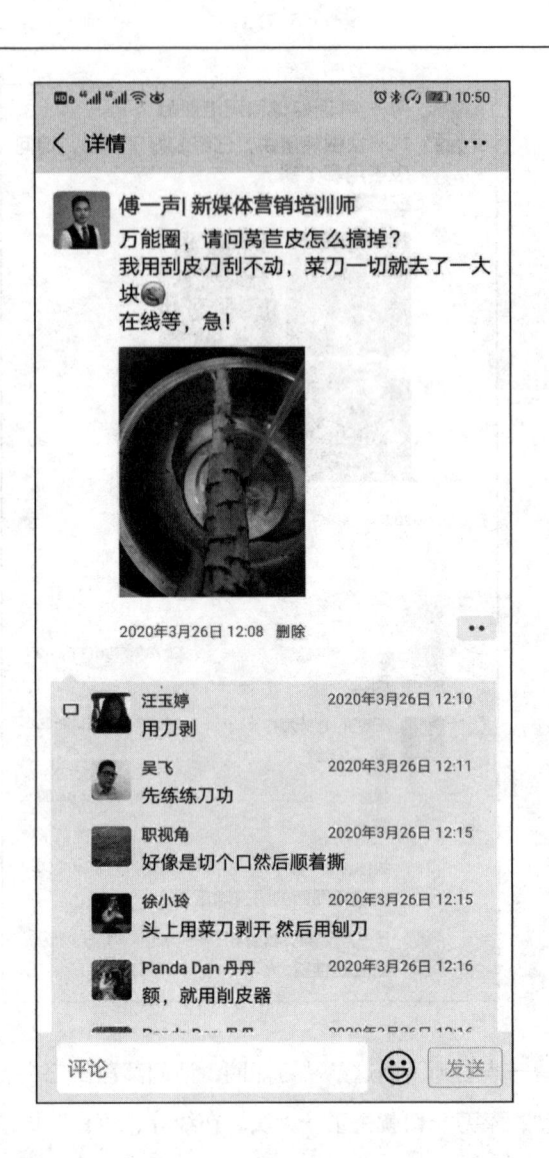

3. 反差萌

通过自拍、自嘲等营造反差萌的形象，能够激发朋友吐槽，激活朋友圈，让个人形象更丰满。

第八章 谈判：消除客户抗拒

请看傅一声老师下面这条朋友圈"今日直播间，亮点自寻，有一个很重要的道具"。

有人发现傅一声老师嘴唇很红，纷纷问口红色号；有人发现了超大的水桶，咨询直播的套路；有人发现桌上有梳子，吐槽傅一声老师发际线高了，开始脱发了；有人发现了网红补光灯；有人发现了声卡……通过该朋友圈，大家在讨论中认可傅一声老师在直播培训授课领域的专业性与幽默感，并且当天就有8家客户向傅一声老师邀约直播培训课程，最终有3家客户顺利成交，傅一声老师谈成了8节直播培训课程。由此可见

一条朋友圈就能带来不错的经济效益。

4. 幽默自嘲

有一天，傅一声老师模仿李佳琦的风格录制了一个推广《鱼塘式营销：小成本撬动大流量》这本书的小视频，在朋友圈里问大家能打多少分。有人打出分数，有人直接上网买书，当天傅一声老师到当当网查看该书的销售数据，竟然卖出了32本书，还有一家家电企业准备团购这本书。如果我们只是中规中矩地发布图文内容来介绍书籍，就很难引起大的反响，但如果换成幽默自嘲的方式去呈现，大家会在哈哈一笑中被"种草"，从而激发出购买的欲望。

第八章 谈判：消除客户抗拒

5. 调研

有一天，傅一声老师出去散步，进入一片花丛中，发了一条朋友圈："误入花丛中，一共180棵，谁知道这是啥花？"

朋友们纷纷开始回答，引发了50多条评论。因为需要回答是什么花，所以大家会更加仔细地点开照片观察。当傅一声老师公布了自己在哪里拍的这张照片后，有一位客户就住在附近，要约傅一声老师周末出来喝茶，顺便谈谈合作。

朋友圈里处处有商机，就看我们会不会挖掘了。以上几个方法，你学会了吗？

第九章
成交：十大成交策略

09

第九章 成交：十大成交策略

学习目标：

1. 理解逼单的重要性；
2. 能够识别成交的时机；
3. 学会逼单的准备工作；
4. 掌握常见的成交策略。

本章导读：

不以成交为目的的销售行为都是徒然的。

没有最好的成交技巧，只有最好的成交时机。

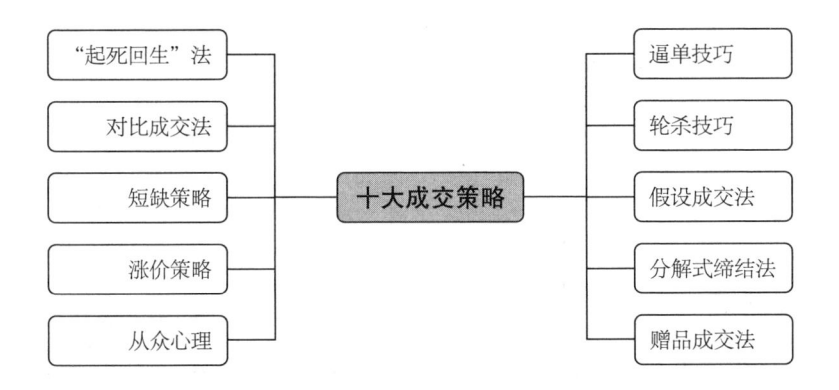

```
"起死回生"法 ┐                    ┌ 逼单技巧
对比成交法  │                    │ 轮杀技巧
短缺策略   ├── 十大成交策略 ──┤ 假设成交法
涨价策略   │                    │ 分解式缔结法
从众心理   ┘                    └ 赠品成交法
```

一旦解决了大客户的抗拒，我们就要马上进入成交环节，踢好临门一脚。在大部分情况下，客户是不会主动提出成交要求的，需要我们自己把握住关键时机，用正确的方法促进成交。

要想成交，到底需要哪些技巧和方法呢？如何才能确保万无一失呢？

一、逼单技巧

大部分缺少经验的销售人员都会由于害怕被拒绝而不敢主动提出成交要求，但是如果始终不提出来可能就错失了机会，尤其当我们已经捕捉到成交时机时，更要主动出击，运用逼单技巧。逼单是指销售人员主动提出成交请求，给客户施加压力，从而促进成交。

1. 逼单的好处

（1）"逼"出抗拒

销售中有一条真理：无法成交是因为还没有消除客户的抗拒。

我们经常听到客户说"我回去再考虑考虑""我要回公司和其他人商量一下"，其实这些都是推脱，为什么呢？如果客户真想成交，为什么还要回去商量呢？直接打电话问不就行了吗？说明这不是真正的抗拒，不是真正的不成交的理由，而客户没有告诉你实话是因为与你不是很熟悉，他还没被你逼到那个程度。

在上一章中我们详细地阐述了如何消除抗拒，但如果客户不告诉你他的真实抗拒是什么，你又该如何做呢？

要想听到真实的抗拒，只有给客户施加压力，让他无路可退，他才能向你坦白不成交的真实原因。一旦知道了客户的真实抗拒，销售人员要马上采取行动，能消除的抗拒立即消除，不能消除就赶紧放弃，而不要继续浪费宝贵的时间。

（2）趁热打铁提高成交率

美国学者迈克尔·所罗门在2001年调查发现：85%的糖果和口香糖，75%的口腔清洁用品，70%的化妆品都是在冲动型购买行为下售出的。这说明什么？说明销售人员如果不趁热打铁让客户"冲动"到成交，一旦把客户放走了，客户回头购买的欲望就下降了，这笔订单也就一去不复返了。

假设你是一家别墅装修公司的销售人员，有一位拥有独栋别墅的客户一家三口在你的公司谈了一下午。从设计师的设计方案和设计理念到施工的具体细节，客户的热情已经达到了99度，如果你再拿合同出来给客户施加点压力，眼看就可以变成100度了，但客户说还要回去问一下家里老人的意见，因为老人是与他们一起住的。你心一软，便把客户放走了。客户走出你的公司，一家三口一聊，热情立马下降了30度。客户回到家和老人一说，而老人都是勤俭节约的，觉得这个装修方案太昂贵了，结果把儿子和儿媳妇数落一番，就剩下20度的热情了。客户后来又听说朋友家的亲戚是做装修的，认为找熟人才不会被坑，热情立马变为零。

所以，打铁必须趁热，一定要给客户施加压力，主动逼单。

（3）节约时间，提高效率

本来按照你的节奏要见客户五六次才能最终签单，而如果你用了逼单技巧，说不定见三次就能签单了。

另外，不是每一次逼单都会成功，因为客户可能也有不得已的理由，但即便失败了，也总比一直拖着好，这样你还可以立即把精力投向其他客户，不至于如此浪费时间。因此，逼单还有另一个好处，那就是节约时间，提高效率。

2. 逼单工具

逼单要利用逼单工具，最主要的逼单工具是合同。此外，提货单、出库单、发票、收据、付款方式、赠品、优惠政策等也都是很好的逼单工具。

情景模拟

销售员："请问您还有其他问题吗？没有的话就请确认下合同吧，毕竟来一次也不容易。"（同时从包里拿出早已准备好的合同直接放在客户面前）

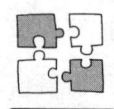

情景分析

（1）这是用合同逼单的场景。

（2）"毕竟来一次也不容易"是逼单的理由，与前文电话邀约所述一样，给客户提要求的时候，必须给客户一个理由。

（3）一旦提出成交请求，要立即拿出合同给客户看，并且一定要在提出请求的时候就把合同拿出来，而不是等客户点头同意才拿出来。不管客户会不会同意，你都要先把合同拿出来再说。如果客户不看，大不了再收回去，也没什么损失。

第九章 成交：十大成交策略

情景模拟

"合同您也看了，还有别的问题吗？对价格还有疑问吗？售后服务呢？好的，我们这次的优惠活动到今天是最后一天了，您看今天付订金还是付全款？付全款的话，我还可以送您一瓶价值300多元的香水作为赠品。"（同时把香水放到客户手里）

情景分析

（1）首先引导客户排除问题。

（2）以优惠活动为理由进行逼单。

（3）将赠品直接放到客户手里。心理学家告诉我们，<u>人们一旦拿到了可以属于他们的东西，通常就不愿意再拿出来了</u>。客户唯一能够保留赠品的方法就是马上签单。

二、轮杀技巧

轮杀技巧是建立在逼单技巧之上的一个超实用的成交技巧，是确保顺利成交的一个非常有效的逼单利器，也是通过团队协作促成签单的绝招。

案例 买房记

2008年，大嘴老师需要购置一套房产。经过一个多月的勘察和走访，最终筛选出两个目标，一个是长江绿岛，另一个是金科观天下。

一天下午，大嘴老师先去了金科观天下，接待他的是一位很年轻的销售顾问。大嘴老师确定了一套100平方米的三室两厅的房型，销售顾问给他的优惠价格是6000元/平方米，并拿出了购房合同给他看。大嘴老师说："这个价格太高了，我还是去看看长江绿岛再说吧。"说罢起身走向大门。销售顾问一看大嘴老师要走，就跑过来拉住大嘴老师道："要不这样，我的权限不够，但我们销售经理正好在，我请他下来跟您再聊一下。"

大嘴老师一听销售经理在，就回到了谈判桌上。

不一会儿，销售经理来了，他看上去要老成一些，跟大嘴老师谈了一会儿后抛出他的权限：5800元/平方米。大嘴老师说："看来你们还是诚意不够，我还是去长江绿岛看看吧。"说完起身再一次离开，走向外面的停车场。大嘴老师正准备上车，那位销售顾问又跑出来道："先生，请留步！您的运气不错，负责我们区域的销售总监今天正好来开会，我请他跟您再谈一次！"大嘴老师一听，心想销售总监的权限应该更大，所以他又回到了谈判桌上。

等了一会儿，销售总监来了，他果然气宇轩昂。大嘴老师站起来跟他握手，销售总监很直接地说："先生，我听

第九章 成交：十大成交策略

说您是一位知名的讲师，这样吧，我们就当做宣传，5800元/平方米已经是我们最低的价格了，不过我可以做主给您免掉一年的物业费，差不多有2000多元呢。您看这样行不？"

大嘴老师听罢心想，这个销售总监说的应该是实话，5800元/平方米应该已经是最低价了，但大嘴老师还不能那么轻易同意，于是说道："听说你们的停车费很贵，如果你能帮我免去一年的停车费，我就跟你签单，就不去看长江绿岛了。"说罢，大嘴老师从包里掏出两万元现金扔在桌子上，接着说道："这是订金，如果你能答应，今天我就签合同！"

销售总监看见钱都放在桌子上了，回头跟销售顾问商量了一下，最终同意了。

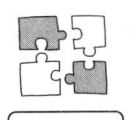

案例分析

这家房产销售公司用的销售技巧其实还是非常有效的，这就是"轮杀技巧"：

第一杀——销售顾问；

第二杀——销售经理；

第三杀——销售总监。

消费者一般都不太愿意跟底层销售人员谈判，因为我们都知道这些一线销售人员是没什么权限的。当一线销售人员的上一级跟我们谈的时候，我们会认为他的权限要更高一些。如果再上一级，我们就更相信了。所以上面案例里的销售总监告诉大嘴老师5800元/平方米已经是最低价了，大嘴老师就相信了。

那么轮杀技巧到底该怎么去操作呢？

第一步，销售顾问捕捉成交时机，用合同或付款方式逼单（销售顾问第一杀）；

第二步，若客户拒绝成交并准备离开，或提出过分的要求，销售顾问应立即请出上级销售经理协助逼单（销售经理第二杀）；

第三步，如果客户还是不同意，销售顾问可以请出更高一级的销售总监继续逼单（销售总监第三杀）。

如果三轮杀还没成功，可以继续往上请出总经理，直到客户成交为止。

如果最后几连杀全部失败，你至少也知道了客户的真实抗拒，因为逼单还有一个目的就是逼出真实抗拒。

通过轮杀技巧，我们也总结出一个道理：不能轻易让步，即使要让，也要请上级出面让。如果自己主动做出让步，客户会觉得这里面肯定还有水分，要么继续讨价还价，要么一走了之。

第九章 成交：十大成交策略

三、假设成交法

这个技巧在前面关于报价的章节中也提到过，是一个一举两得的方法，首先能够暗示客户已经确定要成交了，其次可以试探客户内心真实的想法。

情景模拟

销售员："如果能签约，您希望我们什么时候送第一批货呢？"

销售员："如果能签约，您要开普通发票还是增值税发票呢？"

销售员："如果能签约，您希望我们什么时候派人去安装设备呢？"

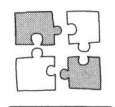

情景分析

"一举两得"的第一得是指不断暗示客户签约，你连着说三遍"如果能签约"，客户耳朵里听到的就是"签约""签约""签约"，这是一种心理暗示。

"一举两得"的第二得是指销售人员所提到的关于什么时候送货、发票怎么开、怎么安装（售后服务）等问题都属于成交以后才要讨论的问题。如果客户正面回答，那就可以透露出客户的真实想法，也就是基本上当客户回答完后就能直接签约了；如果客户不正面回答这些问题，那就说明客户心里还有顾虑或抗拒，销售人员要想方设法去解决。

这就是所谓的"一举两得"。

四、分解式缔结法

分解式缔结法就是把客户要支付的费用分解到客户使用该产品或服务的每一年或每一天，这样客户就感觉价格不那么高了。这种方法可以专门用于解决客户认为付出太多的问题。

情景模拟

客户："怎么要两万元这么多？"

销售员："看上去两万元确实挺多，不过我们这个产品至少可以用10年。如果分解到每一年，其实才2000元；如果分解到每一天，其实才不到6元！但您收到的回报却是……"（为客户讲解收益）

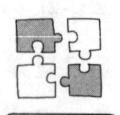

情景分析

两万元的价格听上去确实很高，但如果分解到每一天就只有几元钱，这就比较容易打动客户了。

第九章　成交：十大成交策略

五、赠品成交法

在客户最后仍然犹豫不决的时候，销售人员可以拿出额外的赠品去吸引客户成交。

情景模拟

客户："让我再考虑考虑吧。"

销售员："好的，毕竟是一笔不小的投资，不过如果今天签约的话，我们公司还能赠送您一瓶价值500元的大牌香水作为赠品！这个赠品只有20瓶，明天可能就要被抢光了。"（同时把香水放到客户手里）

情景分析

在客户犹豫不决的时候，如果再给客户提供一些额外的有价值的赠品，客户可能就马上决定签单了。

六、从众心理

请看下图，一位牧民在赶羊，他一个人可以赶几十只羊，原因就是他只要赶那只头羊就可以了，其他羊都会跟着前面的羊走，这其中的道理被称为"**牧群理论**"，也就是所谓的从众心理。

牧群理论图示

如果你去一个陌生的城市旅游，想找一家饭店吃饭，而在你面前有好几家饭店可以选择，请问你会去哪一家呢？你通常会选择人比较多的那家，这就是从众心理。

当我们在网上购物时，在类似的商品中你会选择哪一家的呢？很多人习惯于先看一下这些商品的销量如何，再看一下大家的评价。一旦某个商品的销量排在前列，用户的评价也不错，你就会放心购买这家的商品，这也应验了消费者的从众心理。

第九章 成交：十大成交策略

那么如何把从众心理运用到缔结成交上呢？请看如下几个策略。

1. 把已签约的客户的名单打印出来供客户参考

尤其在客户犹豫不决的时候，或者客户怀疑你的产品质量没有受到用户的认可，你就可以适时地把这份客户名单拿出来供客户参考，尤其是当你的客户名单上有一些比较有影响力的企业或机构，客户肯定会更加放心地和你做生意。

2. 把刚签的合同放在身边

刚签完的合同，不要马上上交公司，可以先放包里几天，一旦你的新客户犹豫不决，你可以给客户展示你这几天签了多少合同，让客户真实地感受到你们公司的生意很红火。

3. 通过会议营销，请老客户分享使用心得

很多企业都经常通过举办沙龙、分享会、公益培训等活动邀请客户前来参加，也就是所谓的"会议营销"。在这样的活动中，企业完全可以请老客户向新客户分享他们的使用感受。很多直销企业的成功就是这么走过来的。

4. 分享成功案例

征得老客户的同意后，销售人员可以到老客户那里拍摄一些产品使用的真实照片，并做成PPT分享给新客户，或在谈判现场直接展示给新客户看。

5. **给老客户做视频采访，把视频存在手机里展示给新客户**

这个方法在培训界，包括大嘴老师自己也经常使用。培训完之后，大嘴老师会请助理为客户做一个简短的视频采访，请客户讲一下培训的感悟。由于刚刚培训完，客户的感悟会非常具体和鲜活，很能打动人。大嘴老师下一次谈单时就可以给犹豫不决的新客户展示这段视频，目的是让新客户看到大嘴老师的授课成果和积累的口碑。有一句话说得好，"金杯银杯，不如老百姓的口碑"，就是这个道理。

七、涨价策略

很多销售人员习惯用降价来吸引客户。现实是，你越降价，客户越容易产生观望的心态，因为他们觉得你应该还能继续降价，而客户总是会"追涨不追跌"。

因此，涨价策略常常会起到不一样的效果。

| 案例 涨价前的疯狂 | 我们曾辅导过一个干细胞存储企业。有一年，该企业准备全面涨价，把两万多元的干细胞存储套餐的价格一下子提到三万多元，涨价时间定在10月1日国庆节。但是，令人意想不到的是，9月30日那一天的成交量是其他月份的好几倍，有很多孕妇客户离预产期还有好几个月就提前签单 |

了，原因就是大家都知道要涨价，都抢在涨价之前把订金先交了。

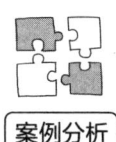

案例分析

这个案例充分地诠释了"追涨不追跌"的消费心理，那么读者朋友们，你们是不是也可以适当地、合理地运用涨价策略作为你们的营销手段呢？

当然，我们不能欺骗客户，要涨就得真涨，还要合理地涨。所以，在给一个新产品定价的时候，也要做好未来涨价的预期，不要一开始就把价格抬得过高，导致后面没有涨价空间。

有很多企业是资源型企业，比如销售钢铁、煤炭、水泥等行业的企业，其产品价格本身就会经常波动，那么在下一次涨价来临之前，你可以提醒那些犹豫不决的客户，让他们把握好签单时机。

八、短缺策略

短缺策略，又称稀有策略，最早是由著名的社会心理学家、全球知名的说服术与影响力研究权威罗伯特·西奥迪尼提出的。

罗伯特·西奥迪尼认为：机会越少，价值就越高。"可能会失去某种东西"的想法在人们的决策过程中发挥着重要作用。实际上,害怕失去某种东西的想法比希望得到同等价值的东西的想法对人们的激励作用更大(罗伯特·西奥迪尼,《影响力》,中国人民大学出版社,2006年5月)。

营销文案中常使用的"数量有限,欲购从速"等字眼其实使用的就是短缺策略。

因此,我们做大客户营销时,同样可以把这种短缺策略运用到促进成交中。

九、对比成交法

人们面对两个价格迥异的产品时,往往会选择价格较低的,但殊不知对比的对象并不是同样的产品,这就产生了有趣的价格差异现象。

我们是否可以把这个技巧运用到销售中呢?请看下面这个案例。

> **案例 对比一下**
>
> 我们曾经给一家车床销售企业做培训和辅导。我们针对该企业有不同车床型号的情况,提出了一个对比法成交策略。我们要求销售人员根据客户要求介绍产品时,要首先强烈推荐一款高品质、高价格的机床产品,如果客户满意那是最好的,如果客户提出价格太高,这时销售人员就可以推荐一款相对来说价格较低的产品,当然产品的价值

也会有所下降。面对两个价格有差异的产品，大约20%的客户会选择高价格的，大约60%的客户会选择低价格的，只有大约20%的客户最终什么都不买。而在使用这个方法之前，成交率只有55%。

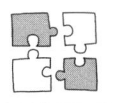

案例分析　客户在满足自己需求的前提下，往往会选择物美价廉的产品，当销售人员用两个不同的产品给客户做对比的时候，客户往往忽略了产品价值的不同，而这样做能大大提高成交率。

十、"起死回生"法

这个技巧常常用在多次拜访、多次谈判后被客户正式拒绝的时候，而虽然这个技巧不能"包治百病"，但可以让个别注定会失败的订单"起死回生"。就算最后仍然不能挽回败局，至少也能让销售人员明白为什么会被拒绝。

情景模拟　客户："小张啊，为了我们这个订单，你跑了很多趟了，但我只能对你说声抱歉，恐怕这次我们真的没办法合作了。"

小张："那好吧，我知道您也不容易。"

小张一边说，一边收拾东西，拎起公文包，走向客户办公室的房门，客户也站起来把小张送到门口……小张握住门把将门打开，然后转身，真诚地向客户问道："李总，既然这笔订单肯定签不成了，您能不能告诉我真正的原因呢？别让我蒙在鼓里……是我们的价格太高了吗？"

客户见小张很是真诚，坦言道："唉，看你也确实挺用心的，实话告诉你吧，我们这次的预算只有20万元，可你们公司非要30万元，这其中的差距有点大，所以我们只能下次再合作了。"

小张一听原来还是价格的问题，赶紧把门一关，拉住客户的手向沙发走去，一边说道："原来是预算的问题啊！早说啊，李总，其实我们可以换一种方式合作，您的预算肯定够……"

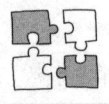

情景分析

在以上情景中，小张听到客户说不合作了，并没有马上反驳，因为这个时候客户的防备是最强的，他在等着应对小张，但小张却老老实实地收拾东西准备走人，这时候客户的防备就慢慢地放下了。等客户送小张走到门口，小张握住门把打开房门的时候，客户的防备已经降到了最低点，这时小张忽然转身，直接问被拒绝的原因，就得到了真实的回答。

当我们握住门把杀一个"回马枪"的时候，有些客户的防备心理很

第九章 成交：十大成交策略

强，仍然不会跟你说实话，但也有一些客户会坦诚地告诉你真实的原因。一旦你发现这个问题是你能解决的，就要立即拉着客户回去继续谈，因为往往在这个时候，一旦你把客户真实的抗拒消除了，你们就能立刻签单了。由于这个技巧需要销售人员握住门把后转身沟通，所以又被称为"门把法则"。

【本章作业】

1. 为了成交，你需要做哪些准备？请罗列出来需要的准备工作。
2. 看一场电视购物节目，总结电视购物中应用了哪些成交策略。
3. 选取本章中三个最实用的成交策略进行精读，并反复练习和实践。
4. 复盘最近一次成功或失败的案例，形成书面记录。

【微营销小技巧9】如何发广告而不易被好友"拉黑"

在微信朋友圈中做营销，最害怕的就是被好友"拉黑"，甚至被直接删除。那么如何发广告才能不易被好友"拉黑"呢？

首先，回忆一下我们是如何把一个"广告党"进行"拉黑"或者删除的。通常，当我们看到某个好友发了一条广告，心里会想："他好像经常发广告，要不要'拉黑'呢？"于是我们会点开他的朋友圈主页，看看他是不是经常发广告。如果点进主页一看，发现他今天只发了一条广告，再看之前的动态，广告很少，并没有频繁地发广告，就不会将这个好友"拉黑"；如果点进主页一看，发现他今天已经发了三四条广告了，昨天发了7条，前天还发了5条，那么如果自己和这个好友交情比较深，就会选择屏蔽这个好友的朋友圈动态，而如果彼此交情不深，就很可能将其删除。你平时是不是这样做的呢？

我们对很多人进行了调研："你对'广告党'的底线是什么？"较多人的回答是："对方一天发三条广告是我的底线。事不过三，超过就'拉黑'。"

既然了解了大众"拉黑广告党"的心理，教你一招发朋友圈不易被"拉黑"的技巧，那就是在发新广告前，删除上一条广告。

例如，如果你早上已经发了一条广告，等到中午发广告时，需要把早上发的广告删除，且等到晚上再发广告时，需要把中午发的那条广告也删除。这样，无论好友什么时候点进你的朋友圈主页，都会发现只有一条广告，这样就不容易给人造成刷屏发广告的不好印象，也就不容易被好友"拉黑"了。

这个小技巧，你学会了吗？

第十章

维护：超值服务带来转介绍

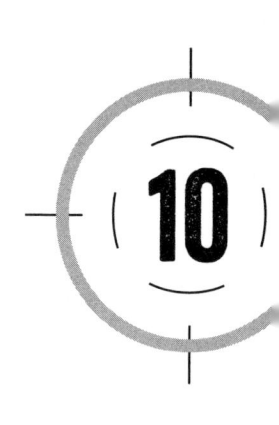

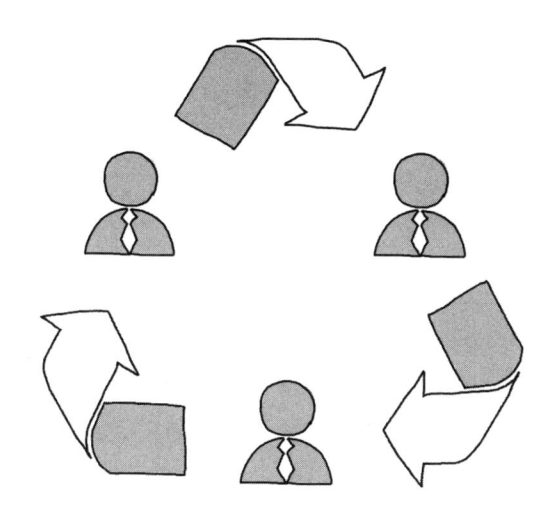

第十章 维护：超值服务带来转介绍

本章导读：

新客户在哪里？新客户就在老客户的身边。如果老客户愿意主动给你介绍新客户，一定是因为你的产品和服务超出了他的预期。

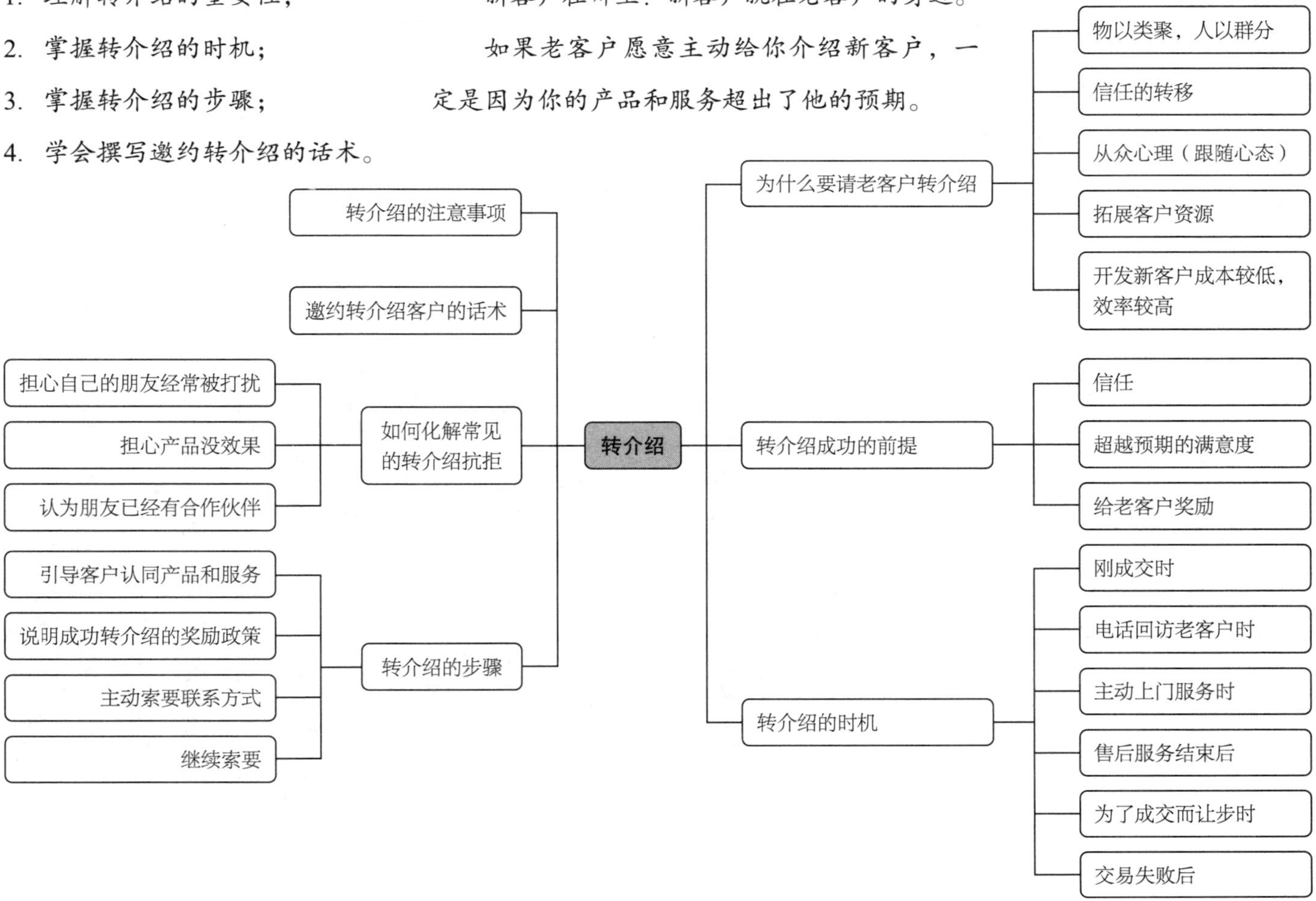

学习目标：

1. 理解转介绍的重要性；
2. 掌握转介绍的时机；
3. 掌握转介绍的步骤；
4. 学会撰写邀约转介绍的话术。

```
                            ┌─ 物以类聚，人以群分
                            ├─ 信任的转移
            ┌─ 为什么要请老客户转介绍 ─┼─ 从众心理（跟随心态）
            │                 ├─ 拓展客户资源
            │                 └─ 开发新客户成本较低，效率较高
            │
            │                 ┌─ 信任
            ├─ 转介绍成功的前提 ─┼─ 超越预期的满意度
            │                 └─ 给老客户奖励
            │
            │                 ┌─ 刚成交时
            │                 ├─ 电话回访老客户时
   转介绍 ──┼─ 转介绍的时机 ───┼─ 主动上门服务时
            │                 ├─ 售后服务结束后
            │                 ├─ 为了成交而让步时
            │                 └─ 交易失败后
            │
            ├─ 转介绍的注意事项
            ├─ 邀约转介绍客户的话术
            │
            │                  ┌─ 担心自己的朋友经常被打扰
            ├─ 如何化解常见 ───┼─ 担心产品没效果
            │   的转介绍拒绝    └─ 认为朋友已经有合作伙伴
            │
            │                 ┌─ 引导客户认同产品和服务
            └─ 转介绍的步骤 ──┼─ 说明成功转介绍的奖励政策
                              ├─ 主动索要联系方式
                              └─ 继续索要
```

223

大部分销售人员可能会觉得，谈判成功了，订单签好了，接下来的工作就是生产部或售后服务部的了，和自己关系不大，可以把精力投到开发下一个新客户的工作中去，殊不知这个成交了的老客户才是自己最大的新业绩来源。有一句话说得好："新客户就在老客户的身边。"

所以，最省力、效率最高的开发新客户的方法其实是服务好老客户，请老客户为自己做转介绍。

一、为什么要请老客户转介绍

1. 物以类聚，人以群分

无论经历类似、职业类似、兴趣爱好类似，还是年龄类似，人们都喜欢和自己类似的人交朋友。

如果你面对的客户是企业家，那么你会发现他喜欢和他身份相符的企业家交朋友；如果你面对的客户是孕妇，那么你会发现她身边肯定有很多孕妇朋友，而且是有着相似消费能力的孕妇；如果你面对的客户是大爷大妈，那么你会发现他们身边肯定也有一群年龄和收入差不多的朋友；如果你面对的客户是摄影爱好者，那么你会发现他们身边一定不乏喜欢拍照的朋友。

因此，从已经成交的客户身边开发新客户，你会获得很多满足你的客户画像的潜在客户。

第十章 维护：超值服务带来转介绍

案例 18个新客户

有一位工作20年的老会计，因家庭变故陷入财务危机。他自己没有给亲人买保险，所以要在购买医药方面承担巨额费用，自己很是后悔。于是，他辞掉原先的工作，进入保险业。过去他一直过着"两点一线"的生活，身边的资源非常少。如今干了一年多的保险工作，他还一张保单都没签到。有一次他终于通过同学介绍，签到了一个企业老板的保单，他就天天去这位客户的办公室为客户端茶倒水或者跟客户聊天，弄得客户很不好意思。客户问他："你为什么天天来我这里报到呢？你为什么不替你的其他客户服务呢？"他回答道："不好意思，王总，因为我只有您一个客户。"客户被他的耐心折服了，于是答应给他介绍其他客户，并且前前后后一共给他介绍了18个新客户。

案例分析

老客户就是最好的新客户来源，尤其是那些资源广又热心肠的老客户。维护好他们，就相当于无形中维护好了很多陌生的新客户。

2. 信任的转移

为什么老客户转介绍的成功率比较高呢？除了老客户的朋友大多有着同样的消费能力，更重要的是信任。也就是说，新客户会因为老客户对你的信任，而容易对你产生信任，这就是信任的转移。

新客户会想："既然我的朋友都在你这里购买产品，说明他很信任你,我相信我朋友的眼光和判断,所以我同样信任你。"

很多企业会建议新入职的销售人员先从自己身边的朋友开始营销,因为基于信任,这样做的成功率比较高。

3. 从众心理(跟随心态)

前文说到了消费心理学中的从众心理,所以老客户从你这里购买了产品,老客户的朋友也会有跟随心态。

在房产销售中有一个很常见的现象:如果一个有身份地位的客户购买了一个楼盘的别墅或洋房,他身边的很多朋友也会跟着一起购买,同时还会吸引更多优质的大客户前来购买。

4. 拓展客户资源

让老客户帮忙转介绍,即使最终没能成交,你也为自己积累了一些优质的客户资源。即使今天他没有跟你做成生意,不代表明天不会;即使今天他没有和你成交,不代表他的朋友以后不会和你成交。只要你成功地进入客户的圈子,对你的销售工作总是有好处的。

5. 开发新客户成本较低,效率较高

由于请老客户转介绍的成功率比较高,而且因为有熟人介绍,所以从认识到签单的时间跨度也会大大缩小,相应的开发新客户的成本也就降低了。再因为新客户通常会咨询老客户的成交价格,很多新客户内心已经接受了这个价格才来和你谈,那么你们在价格谈判上就要轻松多了。有些情商高的销售人员还会对由老客户转介绍的新客户给予一定的购买优惠,这就更容易成交了。

二、转介绍成功的前提

1. 信任

转介绍有两种,一种是你没有要求,老客户主动帮你介绍新客户,另一种是你提出要求了,老客户才帮你介绍新客户。无论哪一种,都要建立在一个前提之下,那就是对你足够信任——老客户会赌上对你的信任,为你介绍自己的朋友。

2. 超越预期的满意度

如果老客户愿意主动给你介绍新客户,一定是因为你的产品和服务超出了他的预期。所以,转介绍必须建立在客户对你的产品和服务非常满意的前提之下,而优质的售后服务是最能增加客户满意度的。因此,成交以后除了要叮嘱公司的售后服务部门提供优质的售后服务,销售人员自己也要亲自上门为客户提供高质量的服务。

假设你是做装修销售的,通常成交以后,后面的设计和施工都会由他人去实施,但是你作为客户最信任的人,就必须经常亲自到工地去监督。而且每一次去工地监督,你都可以让客户知道,让他看到你的无私付出,增加他对你的满意度,说不定他就能为你介绍新客户。

3. 给老客户奖励

如果给老客户一个合理的转介绍奖励政策，他们会更愿意帮助你转介绍新客户，帮助你拓展客户资源。

三、转介绍的时机

1. 刚成交时

在与客户签单之后，你可以主动要求客户为你转介绍，这时候客户的积极性都会很高，可以达到事半功倍的效果。

2. 电话回访老客户时

如果错过了刚签单时的机会，没关系，你还可以在电话回访的时候提出转介绍的请求，但前提是你必须已经为客户提供了优质的售后服务。

3. 主动上门服务时

俗话说"见面三分情"，如果你能主动上门为客户提供服务，此时提出转介绍的请求，成功率会比较高。

第十章　维护：超值服务带来转介绍

案例　打蜡

我们曾辅导过一家地板销售公司，该公司主营的产品是拼花地板，并且积累了一大批中高端客户。我们给该公司提供了一个营销方案：给所有老客户提供免费的地板打蜡上门服务。

公司立即聘请了一位专业的地板打蜡人员，还给他专门配备了一个销售人员，为老客户逐一进行上门打蜡服务。

邀约的第一家是一个独栋别墅的客户。客户听说公司能免费提供地板打蜡的售后服务，很是高兴，当即约好了上门的时间。上门以后，打蜡的小伙子干了起来，我们带着销售人员在客厅和客户聊家常，聊了很多客户家里的大事小事，还聊了装修的事，客户对该公司的地板赞赏有加。

熟悉之后，我们主动询问客户是否有邻居正在装修，或者客户有没有亲戚朋友正准备装修，果然客户告诉我们，对面那个别墅刚开始动工，前几天还来他家问装修材料从哪儿买的。我们给客户介绍了公司关于转介绍的奖励政策，客户就更热情了，主动带着我们到对面的别墅去了一趟，把我们推荐给了别墅的女主人。我们跟女主人很轻松地约好下星期到门店选地板，并最终顺利成交。

之后的销售也都很顺利，短短两个月的时间，免费打蜡的服务带来的业绩已经相当于一个优质门店半个月的业绩了。有的订单是老客户直接介绍的，有的是在服务的时候，邻居过来参观谈成的。因为有老客户的见证和推荐，所以成交率非常高。

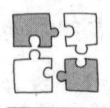

案例分析

很多企业都怕主动为客户提供上门服务,因为担心遇到不满意的客户提出赔偿或修补的要求。其实,即使销售人员不要求老客户转介绍,上门服务也会提高客户的满意度。无论提高口碑,还是促进客户下次重复购买,这都是一个非常不错的营销模式。上门服务后请求转介绍的营销模式要注意,销售人员需要先让客户对售后服务满意,才能提出转介绍的请求,同时还要告知客户有额外的转介绍奖励政策。

4. 售后服务结束后

如果你觉得以上方法都不适合你们的公司,或者说认为这些举措是公司行为,单个销售人员很难做到,那么你也可以和你的公司的售后服务部一起来做这件事。你可以主动帮助售后服务部为客户提供售后服务,并制作一份《售后服务满意度调查表》,在表格的最后写上转介绍的奖励政策和你的联系方式。在售后服务结束后,你需要主动请客户当场填写这份表格,也可以通过微信、网页、邮件等方式请客户填写。

5. 为了成交而让步时

在与客户谈判的过程中,客户往往会提出一些要求,该如何做在前文的消除客户抗拒中已经有过详细阐述了。也就是说,销售人员在做出让步的时候可以提出某个要求,而这个要求就可以是请客户把公司的产品介绍给身边的朋友。这个时候,客户为了请销售人员做出让步,一般都会承诺可以帮忙转介绍。因此，这是一个很好的获取新客户的时机。

6. 交易失败后

以上讲的都是成交以后需要做的事情，那么如果交易失败了，还能请客户帮忙转介绍吗？当然可以！这是一个弥补损失的绝好机会。每当你经过若干次拜访和沟通谈判，客户最终拒绝你之后，其实他们心里会有一定的愧疚感。他们会觉得销售人员挺不容易的，为自己提供了那么多次服务，最终因为某些客观原因没有成交，所以还是会愿意帮助销售人员做一些力所能及的事，比如帮忙介绍新客户。

案例 殷勤的服务

我们曾辅导过一个干细胞存储公司，当时有一位销售员一直在公关一位孕妇。这位孕妇是海归人士，待人一直很有礼貌，也很客气，销售员也很懂得在成交之前先为客户提供优质的服务。当孕妇一个人去医院做检查的时候，销售员就帮她跑来跑去地交费用、取检查报告等。时间长了，她们彼此就成了朋友。销售员本来觉得这个客户肯定能成交，因为客户还特意到公司来参观过，问过价格，也看过具体的存储干细胞的流程等。但是到生孩子前最后一个月的时候，这个孕妇却遗憾地告诉销售员，她打算去外地生孩子，也就意味着不能在该公司存储干细胞了。

后来，销售员听了我们的建议，主动向孕妇提出转介绍的要求，没想到孕妇一下就答应了，而且给销售员介绍了五六个有消费能力的准妈妈，还什么回报都不要，因为她真正地被这个销售员感动了。

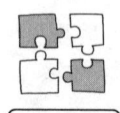

> **案例分析** 很多销售人员听说客户不打算买单，就会立即放弃并把精力投向新的客户，殊不知只要你之前的服务让客户满意了，或者你的真诚被客户看到了，如果你主动向客户提出转介绍的要求，客户往往是愿意帮助你的。

四、转介绍的步骤

请客户转介绍可以遵循以下几个步骤：

1. 引导客户认同产品和服务

这是第一步，也是非常关键的一步。首先要让客户感受到你的产品和服务都很好，客户才有充分的理由帮你转介绍。

2. 说明成功转介绍的奖励政策

你还需要向客户说明成功帮你转介绍的奖励政策，比如你可以按公司规定给客户转介绍的提成，或者客户以后购买你的产品的时候，你可以多赠送一些赠品等。

第十章 维护：超值服务带来转介绍

案例　再给你介绍一个客户

几年前，大嘴老师曾给一家装修公司做长期培训和辅导。公司里有一位姓张的门店经理是从另外一家装修公司跳槽过来的，大嘴老师就请张经理把他老东家的培训负责人介绍给自己认识，而大嘴老师则承诺会给他介绍准客户。张经理满口答应，大嘴老师立即给他推荐了一位刚买完房子的朋友。

一个星期过后，张经理并没有按约定好的为大嘴老师推荐老东家的培训负责人，而大嘴老师又给他介绍了一位准客户，而且是需要装修别墅的大客户。这一次，大嘴老师把客户信息发过去没多久，张经理就给大嘴老师回电话了："曹老师，我已经帮您约好了我们老东家的培训负责人，而且已经隆重地向他推荐了您的课程。"

一个月后，大嘴老师成功地为张经理的老东家实施了为期四天的销售培训，之后又持续服务了两年。

案例分析

有的时候，不一定非要给你的客户以转介绍的奖励，因为有些客户并不需要这些。对于这样的客户，我们就可以通过满足他们的真正需求来打动他们。

3. 主动索要联系方式

要想让客户帮忙转介绍，你就必须主动提出来，而这一步看似简单，实则很关键，也很重要。如果你问老客户："请问您身边有没有跟您的需求类似的客户？"他可能会回答你："如果有，我一定会给你介绍的。"这样你就很难再提要求，因为你没有给他一个线索，他一时也想不到为你介绍谁，这样的口头答应往往最后会沦为一句客套话，而没有后续了。

所以在提出转介绍请求时，你要给客户一个思考的范围，并且主动询问对方的联系方式，这样就能启发客户在一定的人群范围中搜索，成功率也会高很多。

情景模拟 销售员："张总，请问您身边有没有正好想买房子的朋友呢？比如说你的MBA同学……邻居……同事……亲戚等。"

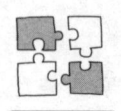

情景分析 说范围的时候，要根据客户的情况来提示，并按照可能性进行排序。另外，每说一个范围都要停顿一下，看看客户的反应。如果感觉客户思考不出来，就继续提示另一个范围。

4. 继续索要

每次向客户索要他推荐的朋友的联系方式时，不要一次性要很多。你可以第一次先管客户要一个人的联系方式，等拿到以后再索要下一个。

情景模拟

销售员："王姐，我记得您上次说过您有一个闺蜜也很重视保健，您有她的联系方式吧，电话是多少，137……还是138……来着？"

客户："哦，我查一下……她姓周，电话是……"

销售员："好的，除这位周姐外，您还有其他能推荐的吗？比如您的同学。"

客户："嗯，想起来了，我有个老同学应该也有需求……"

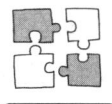

情景分析

万事开头难，但有了第一次，第二次就简单多了。记得有一次我们在一家女性保健品公司做辅导的时候，一位女士一开始很犹豫，当店长对客户说公司可以对转介绍提供奖励时，客户终于同意介绍一个朋友，紧接着她又推荐了好几位。一个月下来，这个客户竟然为公司推荐了15个新客户，而且成交率达到了80%！

五、如何化解常见的转介绍抗拒

请客户做转介绍的时候，遇到一些客户比较抗拒是很正常的，因为客户可能会觉得把朋友的联系方式告诉销售人员的话，会给自己的朋友带来烦扰，朋友可能会因此而不高兴。当我们的客户有抗拒或犹豫不决的时候，你需要及时采取一些措施来应对客户的顾虑和担心。

1. 担心自己的朋友经常被打扰

情景模拟

客户："如果我把他的电话号告诉你，人家要怪我的……"

销售员："看来您和朋友的关系不错，也很关心对方。您是知道的，我们是要帮他解决问题的，并且您的问题不就是通过我们的产品解决的吗？所以他不但不会怪您，还会感谢您，您说是不是？哦，对了，您是把他的电话号给我，还是把微信名片推送给我呢？"

情景分析

想一想，如果要把你自己的朋友介绍给销售人员，你也会有顾虑，但如果销售人员能够很好地消除你的顾虑，让你觉得自己是在帮朋友，你就愿意帮忙转介绍了。

2. 担心产品没效果

情景模拟

客户："你们的产品我还没怎么使用，还不知道有没有效果呢，等有了效果再帮你们推荐新客户吧。"

销售员："嗯，是的，如果自己用得不好，确实不方便推荐给朋友。您也看到了，我们公司已经成立10年了，您购买的这款产品是我们公司销量最好的，已经有上万位客户通过这款产品解决了她们自己的问题，比如……所以，对于效果这方面，您完全可以放心！哦，对了，您想推荐的是您的闺蜜吧？"

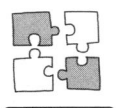

情景分析

以上话术主要用于具有治疗或改善功能的产品的销售上，销售人员通过其他客户使用后的改善去说服客户，客户同意帮忙转介绍的成功率就会提高很多。

3. 认为朋友已经有合作伙伴

情景模拟

客户："我的朋友应该已经有自己的长期合作伙伴了。"

销售员："是的，我们的同行挺多的，如果您把我们推荐给您的朋友，他不就多了一个选择吗？或许他也和您一样对之前的合作不是很满意呢？所以，您就放心地帮我们推荐吧，如果您的朋友已经有很好的合作伙伴了，我们是不会勉强他的。哦，对了，您的这位朋友是做什么行业的？"

情景分析

如果客户觉得你会给他的朋友多提供一个很好的选择，是在帮助他的朋友，客户就会愿意帮忙转介绍。

最后，当你消除了客户的顾虑后，别忘了立刻转移话题。

六、邀约转介绍客户的话术

当你成功地得到了老客户推荐的新客户的联系方式后,首先要请老客户帮忙打一个引荐电话,因为新客户不认识你,即使你说自己是谁的朋友,他也会怀疑,所以最好的办法就是请老客户帮忙打个电话预热一下。当然,如果老客户有顾虑,不愿意打电话,那就作罢。

那么对于老客户转介绍的客户,该如何打正式的邀约电话呢?

情景模拟

销售员:"李姐,您好!我是XX公司张总的朋友小方。上次听她说起您是办企业的,她夸您很厉害呢!哦,对了,我是XX公司的客服王老师,张总上次特别嘱托我要给您打这个电话,希望您能来我们门店调理一下身体。她非常关心您的身体。我们店里有老中医常年坐诊,您看您什么时候有时间过来体验下?周三还是周六?我建议您周三过来,因为……"

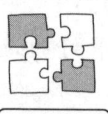

情景分析

打邀约电话首先要懂得把老客户这张"牌"亮出来,因为新客户会因为老客户而重视你的邀约。同时,要让新客户觉得老客户很关心自己,对方在真诚地为自己推荐这个产品或服务。这样一来,电话邀约的成功率就马上提高了。

七、转介绍的注意事项

1. 要向老客户汇报进度

拿到电话号码给新客户打电话邀约之后的每一个步骤，无论成功与否，都要向推荐人，即老客户汇报进度。

这样做的好处有三个：

一是说明你很尊重老客户；

二是能让老客户感觉到你很感谢他的推荐；

三是一旦遇到困难还可以请老客户帮忙解决。

2. 电话拒绝就加微信

和前面的电话邀约技巧一样，如果新客户没接电话，或直接拒绝你了，你可以继续添加对方的微信进行互动。

3. 转介绍成功后马上兑现给老客户的奖励政策

一旦与新客户成交了，你需要马上把承诺的推荐奖励给老客户兑现，而且要亲自交给老客户，因为这样可以多一次交流的机会。

这一点是转介绍最关键的一个步骤，尤其如果是老客户第一次为你转介绍，你若不信守承诺，老客户就不会再为你推荐新客户了。

4. 成功后继续要求转介绍

给老用户兑现完奖励政策后，你可以趁热打铁，继续请老客户帮忙转介绍。

5. 即使不成功，也要继续请求转介绍

如果老客户介绍的新客户最终并没有和你签单，你需要及时向老客户汇报，并请求老客户继续帮忙转介绍。如果老客户看到你如此认真地在找客户，就会被你的真诚所打动，他们通常还会继续帮你引荐的。

【本章作业】

1. 列出你觉得能帮助你转介绍的老客户名单。
2. 思考帮助你转介绍的老客户可以得到何种形式的奖励，设计奖励方案。
3. 设计一份转介绍话术。

【微营销小技巧10】发朋友圈时，巧用定位

当我们发朋友圈时，可以带上位置信息。这个位置信息会被展示在朋友圈动态的底部。很多人可能不知道，这个位置信息除了可以显示真实的地理位置，还可以自定义，简直就是一个免费的广告位！

第十章 维护：超值服务带来转介绍

例如大嘴老师的这条朋友圈动态，大嘴老师在位置信息处写上了"无锡·大嘴讲师堂，圆你讲师梦！"并且大嘴老师发的每条朋友圈都会带上这句话，能够起到潜移默化的宣传作用。

同理，傅一声老师的朋友小红红是不二酱的创始人，她每次发朋友圈都会在位置信息处巧妙地展示自己的品牌"不二酱"。

关于位置信息的自定义标签该如何设置呢？方法很简单。

第一步：发朋友圈时点击"所在位置"。

第二步：点击搜索按钮，填写你想表述的一句话，例如"《大客户营销》上市啦！"。系统会提示："没有找到你的位置？创建新的位置：《大客户营销》上市啦！"点击该提示即可。

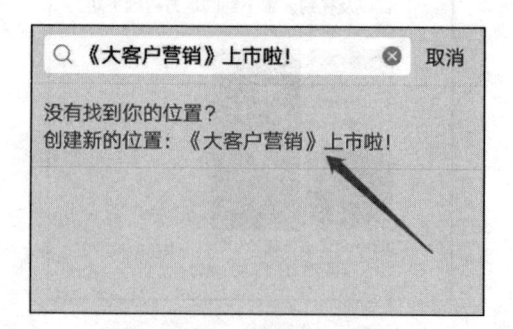

第三步：选择所在地区，填写详细地址等信息，点击"完成"即可

生成"《大客户营销》上市啦！"这个信息标签。

注意，下次再发朋友圈时不需要重新创建标签，直接选择该句话即可。

利用位置信息来增加一个广告位的小技巧，你学会了吗？

结语

成功等于正确的方法加上反复的练习，本书提供了大量经过实践验证确实有效的方法与技巧，读者必须通过高频次的练习，才能真正学有所获。

《大客户营销》为高等学校应用型人才培养教材，南通理工学院团队成员负责本书的编写，其中，陈明宇负责撰写本书的第一、二、三、四章，曹大嘴（曹恒山）负责撰写本书的第五、六、七、八章；傅一声（傅建忠）负责撰写本书的第九、十章，以及每章的微营销小技巧等内容。

南通理工学院林小芳、包耀东、邓洋阳、李燕等为本书提供了诸多案例，编写了学习目标、导读、作业、参考文献、推荐阅读书籍等内容，感谢各位专家老师的辛勤付出！

感谢教育部精品教材《市场营销学》主编、博士生导师李晏墅教授为本书作序。

同时，感谢电子工业出版社编辑郭景瑶女士对本书出版付出的努力和帮助。

我们对本教材的编写付出了很多努力，也参考了大量文献资料，摘录了许多实际案例。由于水平有限，书中错漏或不妥之处在所难免。期待使用本教材的各位专家及广大读者不吝指正，以便我们后续对该教材做进一步修订和完善。

参考文献

[1] 蔡映珍，庄跃峰，任文杰. 客户关系管理[M]. 北京：电子科技大学出版社，2020.

[2] 陈雨. 新媒体营销实务[M]. 湖南师范大学出版社，2019.

[3] 单凤儒. 营销心理学——互联网时代消费者行为分析[M]. 北京：高等教育出版社，2018.

[4] 菲利普·科特勒. 营销管理（第15版）[M]. 上海：格致出版社，2019.

[5] 龚荒. 商务谈判与推销技巧（第4版）[M]. 北京：北京交通大学出版社，2021.

[6] 胡雪芳. 商务沟通（双色版）[M]. 西安：西北工业大学出版社，2020.

[7] 华迎. 新媒体营销：营销方式+推广技巧+案例实训（微课版）[M]. 人民邮电出版社，2021.

[8] 李金生，李晏墅. 市场营销学（第三版）[M]. 北京：高等教育出版社，2019.

[9] 李伟萁，李光明. 客户管理实务[M]. 北京：清华大学出版社，2016.

[10] 迈克尔·所罗门. 消费者行为学（第12版）[M]. 北京：中国人民大学出版社，2018.

[11] 诺埃尔·凯普，郑毓煌，张坚. 关键客户管理：大客户营销圣经[M]. 北京：机械工业出版社，2021.

[12] 潘肖珏，谢承志. 商务谈判与沟通技巧（第二版）[M]. 上海：复旦大学出版社，2019.

[13] 宋晓华. 消费者行为学[M]. 济南：山东大学出版社，2018.

[14] 苏朝晖. 客户关系管理：理念、技术与策略（第4版）[M]. 北京：机械工业出版社，2021.

[15] 王汝志，冯宇，梁珍. 市场调查与预测[M]. 长沙：湖南师范大学出版社，2019.

[16] 王旭，吴健安，姜法奎等. 现代推销学（第六版）[M]. 大连：东北财经大学出版社，2020.

[17] 王永贵，马双. 客户关系管理（第2版）[M]. 北京：清华大学出版社，2021.

[18] 张雁白，陈焕明. 现代推销学（第3版）[M]. 北京：中国人民大学出版社，2018.

推荐阅读

[1] 艾·里斯，杰克·特劳特. 定位：争夺用户心智的战争[M]. 北京：机械工业出版社，2021.

[2] 曹大嘴，傅一声. 鱼塘式营销：小成本撬动大流量[M]. 北京：电子工业出版社，2019.

[3] 曹恒山. 销售这样说才对[M]. 北京：北京大学出版社，2010.

[4] 付遥. 输赢[M]. 北京：中国商业出版社，2012.

[5] 金伟灿，勒妮·莫博涅. 蓝海战略[M]. 北京：商务印书馆，2016.

[6] 吉特默. 销售圣经[M]. 北京：中信出版社，2015.

[7] 杰·亚布拉罕. 选对池塘钓大鱼[M]. 北京：机械工业出版社，2004.

[8] 李昊轩. 销售心理学[M]. 天津：天津科学技术出版社，2019.

[9] 罗伯特·西奥迪尼. 影响力[M]. 北京：中国人民大学出版社，2016.

[10] 罗杰·道森. 优势谈判[M]. 重庆：重庆出版社，2013.

[11] 尼尔·雷克汉姆. 销售巨人：大订单销售训练手册[M]. 北京：中华工商联合出版社，2010.

[12] 倪建伟. 抢单手记：销售就是要搞定人[M]. 北京：台海出版社，2016.

[13] 乔纳·伯杰. 疯传：让你的产品、思想、行为像病毒一样入侵[M]. 北京：电子工业出版社，2020.

[14] 秋叶. 新媒体营销与运营（慕课版）[M]. 北京：人民邮电出版社，2021.

[15] 王强. 圈子圈套[M]. 武汉：长江文艺出版社，2010.

[16] 叶茂中. 冲突（第2版）[M]. 北京：机械工业出版社，2019.